NOEL FERNANDO MEJÍA MEJÍA

# TEORÍAS DEL CONTROL Y APRENDIZAJE MOTOR

**Título:** TEORÍAS DEL CONTROL Y APRENDIZAJE MOTOR

**Autor:** NOEL FERNANDO MEJÍA MEJÍA

**Editorial:** WANCEULEN EDITORIAL
**Sello Editorial:** WANCEULEN EDITORIAL DEPORTIVA

**ISBN (PAPEL):** 978-84-19175-90-8
**ISBN (EBOOK):** 978-84-19175-91-5
**DEPÓSITO LEGAL:** SE 258-2022

Impreso en España.

**WANCEULEN S.L.**
C/ Cristo del Desamparo y Abandono, 56 - 41006 Sevilla
Dirección web: www.wanceuleneditorial.com y www.wanceulen.com
Email: info@wanceuleneditorial.com

# ÍNDICE

# 1. INTRODUCCIÓN

Sin lugar a duda el movimiento es uno de los factores que definen y determinan la evolución de la condición humana. Tal cualidad no solo permite cubrir las necesidades básicas para la supervivencia (alimentación, refugio, reproducción, ocio, defensa), sino que potencia el desarrollo de las capacidades intelectuales y emocionales de la especie humana.

Estos dos aspectos (intelecto y emoción), hacen más que justificable el estudio del movimiento humano. En ese sentido, la aplicación potencial, como lo explican Schmidt y Lee (1999), de dicho estudio se extiende a áreas como el deporte, la terapia física, la industria, el arte y aun el mismo lenguaje.

El hecho de desempeñar distintas tareas en las mencionadas áreas, implica un reto complejo para el cuerpo humano. Sin embargo, el ser humano es capaz de controlar y aprender una amplia gama, en volumen y complejidad, de movimientos. Todo ello a pesar de las características particulares del sistema neuromuscular, como ser: la redundancia de las activaciones musculares, la no linealidad de la generación de fuerzas, y la muy escasa reproductibilidad de las acciones. Estas características, en principio limitantes, son en realidad salidas ingeniosas del sistema neuromuscular para la solución de situaciones complejas.

Desde inicios del siglo XIX, el estudio de la conducta motriz ha sido objeto del campo de lo que hoy se conoce como control motor; que básicamente, pondera dos objetivos:

1. Control motor: busca comprender los procesos fisiológicos que desencadenan las distintas interacciones entre los tres niveles (medula espinal, tronco encefálico, corteza) del Sistema Nervioso Central (SNC), responsables de la conducta motriz, y su conexión con las características mecánicas del aparato osteomuscular.

2. Aprendizaje motor: persigue la comprensión respecto a la adquisición de los movimientos a través de la práctica; y cómo los elementos genéticos, ambientales y psicológicos condicionan el aprendizaje de las habilidades requeridas en el óptimo desempeño de las diversas actividades del ser humano.

## 1.1. CONTROL MOTOR

El control motor puede resumirse como el estudio de la interacción entre el SNC, el cuerpo y el ambiente con la finalidad de generar un movimiento coordinado. De ahí que el objetivo principal del campo de estudio del control motor sea crear el marco teórico que contenga las variables (físicas, fisiológicas, ambientales) de los procesos que hacen posibles dichos movimientos (Latsh, et al, 2010). En este intento, el campo de estudio ha evolucionado desde la teoría refleja hasta la actualidad, donde se presentan teorías complejas y fundamentadas a partir de ecuaciones matemáticas, apoyadas en otras disciplinas como la física y la propia neurofisiología.

## 1.2. APRENDIZAJE MOTOR

El aprendizaje motor es entendido como en conglomerado de procesos internos, desencadenados y fortalecidos por la interacción repetida (practica) con el entorno, que tiene como resultado cambios permanentes o transitorios en la conducta, reflejada como respuesta a estímulos externos (Schmidt, 1988).

Según Riera (1989) estos cambios pueden ser:

1. *Neuronales:* relacionados a las conexiones nerviosas tanto a nivel central como periférico. Llama especialmente la atención, los probables cambios a nivel de la unión neuromuscular donde se produce la inervación y enervación de las distintas fibras musculares.

2. *Propioceptivos*: manifestados en la capacidad de los receptores sensitivos en detectar los cambios en el entorno.

3. *Volitivos:* concernientes a las actitudes positivas o negativas y la relación de estas con los intereses y motivaciones; aspecto que finalmente será determinante en el compromiso y la adherencia al proceso de aprendizaje.

Ormorod (2004), proporciona algunos indicadores generales que evidencian el aprendizaje; y que bien podrían aplicarse en el campo del aprendizaje motor, sin dejar de lado que dichos indicadores deben ir ligados con los criterios del rendimiento en el desempeño motor (eficacia, eficiencia). Estos indicadores son:

1. Realizar un movimiento nuevo.
2. Aumentar la frecuencia de un movimiento.
3. Realizar un movimiento a mayor velocidad.
4. Aumentar la complejidad en la ejecución de una habilidad.
5. Aumentar la variabilidad de los movimientos para conseguir un mismo resultado.

Respecto a las fases del aprendizaje motor, Schnabel (1988) expone tres:

1. **Fase cognoscitiva:** propia de las primeras experiencias en el proceso de aprendizaje. Aquí, por medio de la información verbal, perceptiva, pero sobre todo visual, se inicia la formación de la imagen abstracta que será integrada, organizada y memorizada como programa motor para después ser utilizada en la ejecución de la acción motriz.

2. **Fase asociativa:** contrario a la fase anterior, en esta fase la principal vía para la percepción de la información es la kinestésica. El procesamiento de la información por la vía kinestésica, permite la asociación racionalizada de los parámetros determinantes de un movimiento, tales como la tensión y relajación muscular. Esto último se manifiesta en ejecuciones más fluidas, así como en la sincronización de la amplitud y velocidad de la ejecución. En esta fase aumenta la frecuencia del rendimiento (eficacia, eficiencia) en

la ejecución del movimiento, pero debido a la aun no desarrollada capacidad de variabilidad, se presentan deficiencia cuando el movimiento debe ser ejecutado en entornos cambiantes.

3. **Fase autónoma:** esta fase reúne las características de las fases anteriores, pero además se caracteriza por la disponibilidad de realizar la acción motriz en entornos inestables que exigen del ejecutante una alta capacidad de percepción para reconocer las modificaciones y exigencias situacionales. Por ello es necesaria la autonomía, no solamente en la identificación de las variaciones, sino en la generación de mecanismos propios de aprendizaje.

## 1.2.1. Rol de la memoria en el aprendizaje motor

Dados los indicadores del aprendizaje (Ormorod, 2004), se debe tener presente que estos no se pueden producir si antes no se cuenta con el espacio físico, pero a la vez abstracto en el que la información relacionada a las conductas aprendidas pueda ser almacenada.

Este espacio es la propia memoria, la cual, como se estudiará más adelante, forma parte importante en la fundamentación teórica para la construcción de las teorías del bucle cerrado de Adams (1971), y la teoría del esquema de Schmidt (1975), ambas igualmente respaldadas por las teorías del procesamiento de la información.

En vista que el aprendizaje implica cambios observables y no observables; en el campo motriz, estos cambios están relacionados a adaptaciones neurofisiológicas, tales como las alteraciones de la membrana sináptica (Kugler 1981), factor que desencadena en una mayor permeabilidad en las vías aferentes y eferentes y por ende en la formación de la memoria y el aprendizaje motor.

En este punto es importante resaltar que la formación de la memoria se realiza en tres fases relacionadas con la división de la memoria:

1. Memoria inmediata.
2. Memoria a corto plazo.
3. Memoria a largo plazo.

Kugler (1981), explica que en cada una de estas memorias, están implicados procesos bioquímicos en su formación: desde las señales bioeléctricas en la memoria inmediata; las reacciones neuroquímicas para la síntesis proteica en la memoria a corto plazo; hasta el almacenamiento de las moléculas proteicas en áreas específicas de la membrana celular para la formación de la memoria a largo plazo (Figura 1).

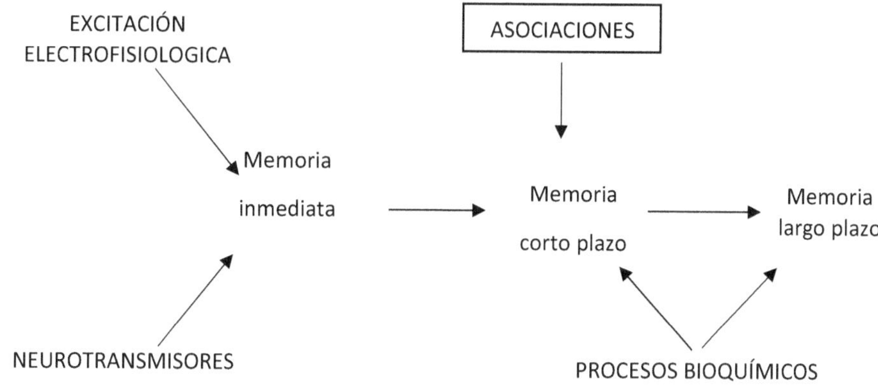


**Figura 1.** Clasificación de la memoria y los procesos biomecánicos implicados en su formación a partir de las señales percibidas.

El objetivo establecido para los siguientes apartados, es presentar en un inicio cuales han sido las perspectivas utilizadas en el estudio del control y aprendizaje motor. Seguidamente se expondrán algunos conceptos y principios relacionados al control y aprendizaje motor.

Posteriormente se discutirán las teorías que han aportado para la evolución del estudio del control y aprendizaje motor, dividiendo el apartado en dos secciones: la primera destinada a las teorías pioneras, o más propiamente dicho las teorías más desarrolladas y conocidas en el ámbito, estas son:

1. Los Grados de Libertad de Nicolai Bernstein (1947).
2. La Teoría del Bucle Cerrado de Jack Adams (1971).
3. La Teoría del Esquema de Richard Schmidt (1975).

En la segunda sección se estudiarán algunas de las teorías e hipótesis contemporáneas, menos conocidas en el referido campo de estudio, tales como:

1. La hipótesis del punto de equilibrio.
2. La teoría del control óptimo.
3. La Hipótesis de la articulación líder.
4. La teoría ecológica y de los sistemas dinámicos.

En el transcurso de la lectura, se podrá confirmar como las teorías contemporáneas desarrollan sus principios aplicando muchos de los preceptos de Bernstein, Adams y Schmidt. Por lo que, quien se inicie en el estudio del control y aprendizaje motor, puede aprovechar los aportes de dichas teorías en la comprensión de la evolución a las actuales teorías.

# Capítulo 2

# PERSPECTIVAS EN EL ESTUDIO DEL CONTROL Y APRENDIZAJE MOTOR

Los esfuerzos dirigidos a comprender los procesos del control motor por parte del SNC, en especial por el encéfalo, han implicado la aproximación a dicho fenómeno desde disciplinas como la física, la neurofisiología y la psicología. Quizás uno de los retos que enfrenta el campo de estudio del control y aprendizaje motor sea el establecimiento de una perspectiva que sirva de marco de referencia para el estudio de las variables implicadas en las acciones motrices. Sin embargo, ningunas de las áreas en particular, han podido explicar aisladamente los patrones que determinan la conducta motriz. Las perspectivas que a continuación se discutirán, han servido de referencia a la comprensión desde diversos puntos de vista del movimiento.

## 2.1. PERSPECTIVA BIOMECÁNICA

Desde esta perspectiva se analizan las características propias de los segmentos corporales, tales como su masa, dimensión y forma. Para lo que se vale de la física, específicamente de la mecánica (cinemática, dinámica) para describir y explicar patrones de movimientos, como la velocidad de desplazamiento lineal o angular, la fuerza (torque) aplicada, y la fuerza de reacción.

Biológicamente, es estudiada la estructura y conformación de las fibras musculares, como ser: la fisiología del deslizamiento de las proteínas contráctiles en el sarcómero, los tipos de fibras (lentas, rápidas), los tipos de acciones musculares (concéntrico, excéntrico, isométrico), la arquitectura muscular (longitud del músculo, longitud de la fibra, ángulo de peneación, sección transversal), la disposición lineal y en paralelo de los sarcómeros, los procesos químicos presentes en las vías energéticas para la contracción muscular, los factores elásticos (tendones, ligamentos, fascia, ciclo de estiramiento-acortamiento) (López & Fernández, 2006). Todas las estructuras mencionadas se han constituidos en variables cualitativas y cuantitativas en el estudio del control motor.

Davids y Glazier (2010), indican que una de las limitaciones de la perspectiva biomecánica, es la falta de precisión respecto a la contribución exacta (fuerza aplicada, torque) de cada grupo muscular en un determinado movimiento. Recientemente, esta perspectiva se ha valido de otras disciplinas propias de los sistemas artificiales como la teoría del control de los sistemas mecánicos y la ingeniería. Esto ha desembocado en la formulación de algunas de las teorías actuales, desde las que se fundamenta el estudio del control y aprendizaje motor. Algunas de estas teorías serán discutidas en el capítulo 5.

# 2.2. PERSPECTIVA NEUROFISIOLÓGICA

Más recientemente con la entrada de la neurociencia, se ha estudiado la alta complejidad de los sistemas biológicos. Estos han sido comparados con los sistemas artificiales en cuanto a la similitud en las características controladoras, pero diferenciados en la alta flexibilidad y versatilidad de los sistemas biológicos sobre los mecánicos (Doya, & Miyamura, 2001).

Desde esta perspectiva son estudiadas las funciones de las estructuras que controlan la actividad motora, la cual tiene una organización jerárquica (Figura 2) en tres niveles:

1. **Médula espinal:** responsable del control de los movimientos más básicos, involuntarios y rítmicos como la locomoción y los reflejos (Guyton & Hall, 2016).

2. **Encéfalo:** donde se controla la postura corporal y movimientos de mayor organización (Wilmore & Costil, 2014).

3. **Corteza:** aquí se coordinan y planifican las acciones motoras compuestas por movimientos de mayor complejidad (López & Fernández, 2006).

Un aspecto esencial, como se verá en ulteriores apartados, es la integración de la información sensorial, la actividad motora y los procesos cognitivos en la conducta motriz.

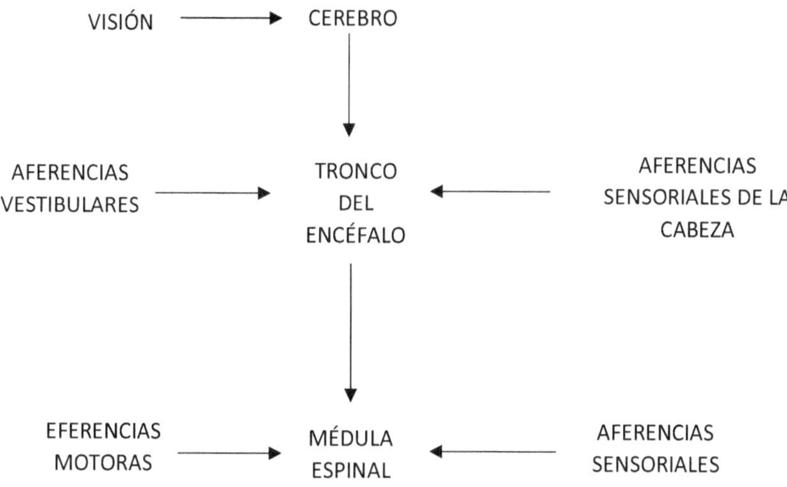


**Figura 2.** Jerarquización del control de la actividad motora

Esta organización jerárquica del control motor se corresponde con los distintos componentes del SNC (Figura 3), responsables de la producción y control del movimiento, divididos básicamente en un control central y un control periférico.

## 2.2.1. Control central del movimiento

A nivel central se estudian la funciones e interacciones de sus dos componentes: el encéfalo (cerebro, diencéfalo, cerebelo, tronco cerebral) y la medula espinal. En los centros superiores del cerebro se encuentra la corteza motora, que es el centro de planificación de los movimientos, y a su vez se divide en:

1. **La corteza primaria**: que controla los músculos del habla y de las manos.

2. **La corteza suplementaria**: donde se producen las contracciones bilaterales que sirven de fijación de segmentos corporales necesarios en la realización de movimientos más finos de las manos.

3. **La corteza premotora**: que es el centro de almacenamiento de la imagen motora. Específicamente en la porción anterior, se contienen los patrones complejos requeridos en la ejecución coordinada de un movimiento.

Una vez que se ha decidido la ejecución de un movimiento, la porción posterior de la corteza premotora envía los patrones del movimiento a la corteza motora primaria, la cual activará los músculos solicitados en el movimiento planificado (Mejía & Zaldívar, 2020).

En lo que respecta al cerebelo, este ha sido objeto de estudio en cuanto a sus funciones en el control y planificación del movimiento. A grandes rasgos, el cerebelo es responsable del ordenamiento y los ajustes dirigidos a corregir las acciones motrices mientras las mismas son ejecutadas, a fin de que tales acciones coincidan con las señales de la corteza motora y del encéfalo (Guyton & Hall, 2016), esto es logrado por el cerebelo a partir de 4 funciones:

1. **Control secuencial:** desde el encéfalo y a partir de la información cinestésica, el cerebelo es capaz de establecer la secuencia correcta en la activación de las fibras musculares que participan en la contracción de un grupo muscular.

2. **Contraste:** compara los resultados de las acciones efectuadas, como es el caso de la contracción muscular, con los movimientos esperados de parte del sistema motor (corteza), lo que permite corregir el movimiento aun durante su realización.

3. **Anticipación:** planifica de manera anticipada el siguiente movimiento correspondiente a determinada secuencia, aspecto que

potencia una de las características de los movimientos altamente complejos; la fluidez. Igualmente, esta función es decisiva para los movimientos balísticos, ya que cuando los movimientos son realizados a alta velocidad, se carece de tiempo para procesar la información aferente y eferente (retroalimentación), por lo que la planificación anticipada ayuda a determinar los patrones básicos (distancia, fuerza, velocidad) del movimiento.

4. **Amortiguación:** controla los movimientos mediante la reducción de la inercia que estos mismos causan, por lo que, dichos movimientos son realizados sin exageración o descontrol.

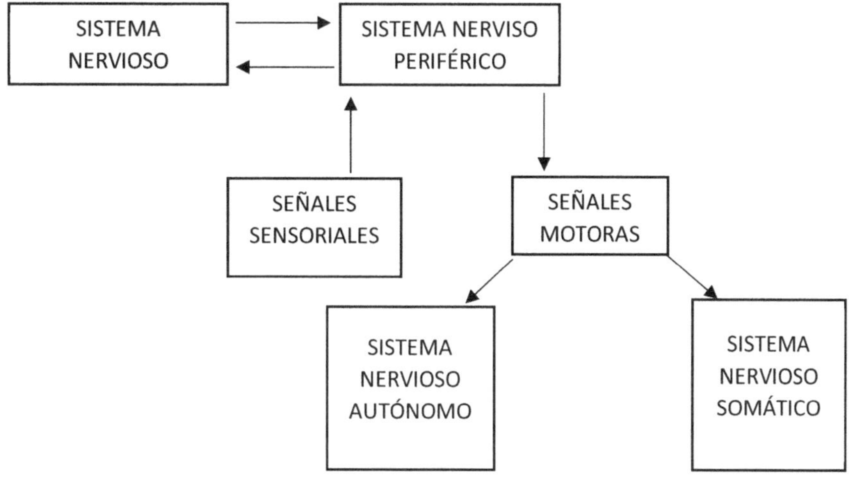


**Figura 3.** Componentes del Sistema Nervioso Central responsables de la producción y control del movimiento.

## 2.2.2. Control periférico del movimiento.

A nivel periférico el SNC se divide en una porción sensora (aferente) y otra motora (eferente); la porción sensora es integrada por los analizadores (mecanorreceptores, termorreceptores, nocirreceptores, fotorreceptores y quimiorreceptores) y por los propioceptores, tales como:

1. *El Huso Muscular*: responsable de detectar los cambios de longitud en las fibras musculares; aspecto decisivo para el manejo del tono muscular y de la coordinación intramuscular e intermuscular, así como la inervación recíproca.

2. *El Órgano Tendinoso de Golgi*: necesario para la detección de la tensión en las fibras musculares.

En la porción motora o periférica se encuentra el Sistema Nervioso Autónomo (simpático, parasimpático) que rige los procesos homeostáticos necesarios para el mantenimiento de las funciones básicas del cuerpo.

Tanto la jerarquización del control motor, así como los componentes del SNC se combinan para la conformación de lo que se conoce como el programa motor. El programa motor no es más que el propio modelo que contiene los patrones gestuales, y que son almacenados tanto en la porción motora como en la sensitiva, sobre todo a nivel central (encéfalo) del control movimiento. Tal como lo explican López y Fernández (2006), la actividad motora se desarrolla en tres fases (Figura 4):

1. En el plan motor se determina, acorde al objetivo, las respuestas a los estímulos proveniente del entorno y captados por los analizadores.

2. En el programa motor se establecen las propiedades (secuencia de contracción, fuerza, duración, velocidad) y patrones a ser utilizados en la respuesta de acuerdo al objetivo perseguido.

3. En la ejecución se establecen las vías de comunicación (retroalimentación), mediadas por la medula espinal, entre los centros superiores del encéfalo y las estructuras efectoras del movimiento (músculos).

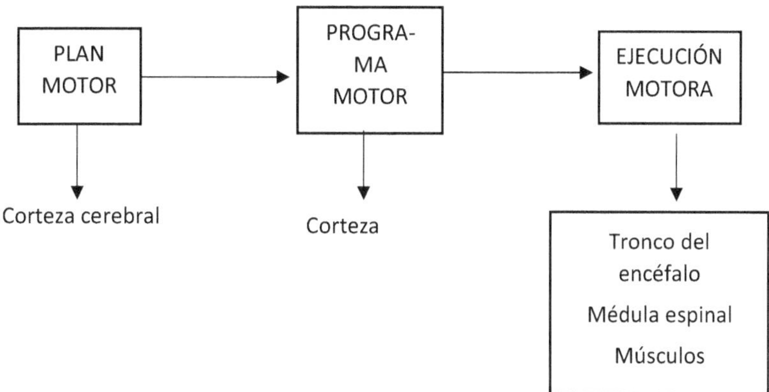



**Figura 4.** Fases de la actividad motora

Algunos ejemplos de teorías del control motor desde la perspectiva neurofisiológica son:

## 2.2.3. Teoría Refleja

Desarrollada por Sherrington (1913), explica la realización de movimientos estereotipados como producto o respuesta a un estímulo aferente (Levine, 2007). Así, se estable un circuito por el que se conduce el estímulo desde los analizadores (aferencia) hasta los centros procesadores de dicha información (corteza motora), para posteriormente devolver la señal a modo de respuesta (eferencia) hasta las estructuras efectoras de movimiento (músculos) (Figura 5).

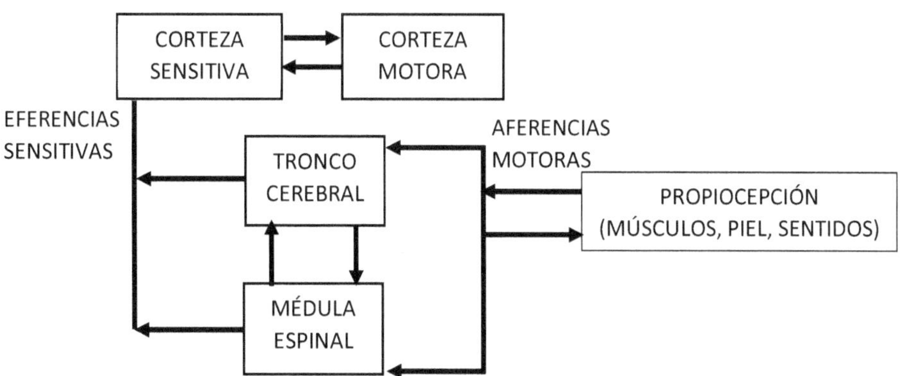



**Figura 5.** Esquematización de las vías aferentes y eferentes implicadas en el reflejo

### 2.2.4. Teoría Jerárquica

Explica la organización jerárquica del SNC respecto a los movimientos, dejando el control de los movimientos complejos al nivel superior (corteza), posteriormente a un nivel intermedio (tronco cerebral) los movimientos rítmicos y al nivel inferior (medula espinal) los movimientos reflejos (Soto, 2020).

## 2.3. PERSPECTIVA PSICOLÓGICA

En esta perspectiva se conglomeran las teorías que expresan abstractamente las ideas sobre las causas y la naturaleza del control y aprendizaje motor, explicando el rol del procesamiento de la información en la conducta motriz (Soto, 2020).

Thorndike (1927) representa una de las primeras influencias en el estudio de la conducta y el aprendizaje. A partir de su ley del efecto determino la presencia e interacción entre respuesta y refuerzo en la generación del aprendizaje. Debido a que la perspectiva psicológica postula que los motivos, propósitos u objetivos son determinantes para el aprendizaje, es pertinente considerar a las teorías del aprendizaje como el eslabón que une al SNC o perspectiva neurofisiológica, con la perspectiva biomecánica y a su vez con el ambiente.

El aprendizaje es definido por dos enfoques: el conductismo y el cognitivismo; el primero explica el aprendizaje como el cambio de la conducta y como el producto de la experiencia, mientras que el cognitivismo atribuye el cambio, no a la conducta observable, sino a las asociaciones y procesos mentales desencadenados por la práctica (Ormorod, 2005). Las dos corrientes más fuertes del conductismo: condicionamiento clásico (Pavlov, 1927) y condicionamiento operante (Skinner, 1938), atribuyen y explican la adquisición involuntaria de conductas a los refuerzos precedidos o seguidos a una respuesta determinada.

Por su parte, los aportes del cognitivismo al desarrollo de las teorías del control motor, se evidencia en los trabajos desarrollados por: (1) Tolman (1959) cuyas principales ideas se basaron en la importancia del estudio del significado y propósito en las conductas que determinan el carácter intencionado en su ejecución, en el aspecto no imprescindible del reforzamiento y del cambio de conducta en el aprendizaje, y en la organización de la información en mapas cognitivos; (2) la psicología de la Gestalt (Wertheimer, 1945; Köhler 1969; Koffka, 1935), quienes destacaron la importancia de la percepción de la realidad objetiva a fin de estructurar la experiencia de la propia realidad subjetiva productora del aprendizaje; (3) Piaget (1969) con su teoría evolutiva y cuyos trabajos relacionados al desarrollo intelectual le llevaron a concretar que el conocimiento se estructura en lo que el denomino esquemas. Estos esquemas presentan una cualidad evolutiva y constante, producto de la asimilación y acomodación de nuevas experiencias e información correspondientes a las etapas del desarrollo cognitivo (sensoriomotora, preoperacional, operaciones concretas, operaciones formales); (4) Vygotsky (1962) con una perspectiva sociocultural de la teoría evolutiva de Piaget, destaco la participación de los adultos en la formación y el desarrollo del aprendizaje de los niños.

Tales aportes llevaron a establecer algunos supuestos generales de las teorías cognitivas, tales como:

1. La integración y priorización del estudio de los procesos mentales en el aprendizaje, no observables pero inferidos por las conductas observadas.

2. La implicación activa de las personas en los procesos de aprendizaje.

3. La formación de representaciones mentales que no suponen necesariamente un cambio de conducta.

4. La organización y relación de la información previamente adquirida con nueva información.

5. Las teorías del procesamiento de la información que explican como la información percibida del entorno es almacenada y posteriormente recuperada para ser utilizada en determinada situación.

# Capítulo 3

# CONCEPTOS Y PRINCIPIOS EN EL CAMPO DE ESTUDIO DEL CONTROL Y APRENDIZAJE MOTOR

Las teorías que serán tratadas en los capítulos 4 y 5 de esta obra, se basan en los conceptos que serán estudiados en el presente capítulo. Estos conceptos han servido de guía para el establecimiento de las variables mas determinantes en el estudio del movimiento y desde las cuales es posible dirigir la experimentación para la comprobación de los supuestos, que finalmente se han convertido en los principios que seguidamente se exponen.

## 3.1. CONTROL CONTINUO E INTERMITENTE DEL MOVIMIENTO

Las respuestas motrices (movimientos) son procesadas por dos vías:

1. *Rápidas:* permiten la rápida selección de la respuesta que más se asocie con las condiciones del entorno, sin analizar cuáles serán las consecuencias de la misma.
2. *Lentas:* requieren del análisis de los resultados de la acción para el procesamiento y control de los movimientos voluntarios.

De estas dos vías surgen dos enfoques:

1. **Control continuo** de los movimientos: se rige por la retroalimentación controlada por la médula espinal y el tallo cerebral, y se corresponde con un bucle rápido y por ende el control continuo modula las respuestas rápidas. El control continuo representa un enfoque más para la comprensión de la conducta motriz, y el mismo se apoya de la Ley del Control Óptimo que

describe la participación de las extremidades superiores en los movimientos, el control de la postura y el balance.

2. **Control intermitente** de los movimientos: se basa en un bucle abierto y lento de retroalimentación, y es utilizado para la parametrización de la trayectoria de un movimiento.

Ambas vías (enfoques) se complementan en la ejecución de una tarea motriz; mediante el control continuo se maximiza la frecuencia de las señales sensitivas y la estabilidad en la acción motriz, sin embargo, se carece de poca flexibilidad (adaptación de la conducta), la cual, si es potenciada por medio de un control intermitente, pero con reducida frecuencia y alta inestabilidad en la acción.

Esta complementariedad es explicada por Loram, et al., (2014), arguyendo que la configuración o estado actual de un segmento corporal está determinado por el objetivo a alcanzar en dicho movimiento; la estructura y leyes del control; los limites articulares. Sin embargo, cuando se presenta alguna perturbación bien sea por fuerzas inesperadas, dolor u otro obstáculo; la solución para la corrección de estas perturbaciones necesita de tiempo para hacer una adecuada selección, así como de la optimización de las variables. Todo este proceso de corrección parte de la posición actual del sistema.

Por ello el control intermitente provee la flexibilidad necesaria que confiere adaptabilidad a las condiciones del entorno, dando tiempo y paso al control continuo cuando se produce la adaptación o cuando las condiciones del entorno se normalizan.

## 3.2. LA VARIABILIDAD EN EL APRENDIZAJE MOTOR

En términos generales, la definición de habilidad motriz está relacionada con la precisión y la constancia del movimiento, entendiendo la segunda como la reproducción exacta de la acción motriz. Por ello, la introducción de tareas motrices que impliquen variar la ejecución de la acción motriz, puede ser vista como perjudicial al rendimiento.

No obstante, cierto grado de variabilidad es de utilidad para el aprendizaje motriz (Newell & McDonald, 1992; Todorov & Jordan, 2002), especialmente para la construcción de un repertorio de movimientos a los que se pueden recurrir para seleccionar el más adecuado de acuerdo a las condiciones ambientales y anatómicas, contribuyendo de esta manera al desempeño óptimo.

Uno de los fundamentos que respalda la variabilidad en el aprendizaje de una habilidad es la idea del programa generalizado y la teoría del esquema (Schmidt, 1975), que en términos generales postula la agrupación de elementos y patrones inespecíficos, cuya selección y combinación da respuesta a movimientos particulares. Por lo que la variabilidad en el aprendizaje ayudaría a la construcción de esos elementos y patrones.

Un segundo fundamento lo constituye el concepto de redundancia en las acciones motrices, referido a las múltiples formas de realizar una acción para alcanzar el mismo objetivo. Así, la ejecución del movimiento de un segmento corporal se puede realizar siguiendo múltiples trayectorias, ángulos articulares, activaciones musculares, etc.

De acuerdo con Ranganathan & Newell (2013),  la estrategia para introducir la variabilidad en el aprendizaje motriz puede seguir dos líneas (Figura 6).

1.- **Variabilidad en el objetivo:** aquí la variabilidad está dirigida a producir diferentes resultados (objetivo). Una variabilidad estructurada permite la generalización de patrones motores que pueden ser transferidos al aprendizaje de nuevas habilidades o aplicados en la generación de respuestas motrices nunca antes practicadas. Esto se logra mediante la manipulación de parámetros que conforman la estructura de un movimiento (ej. Distancia de lanzamiento al aro de baloncesto). En contraparte, la variabilidad no estructurada busca la mejor solución (ejecución) de una tarea motriz. Aquí, aparte de manipular un parámetro, se introducen variaciones en la ejecución de dichos parámetros, haciendo posible alcanzar un mayor rendimiento cuando el atleta se ha estancado o ha alcanzado su máximo potencial.

Una forma de lograr la variabilidad en el objetivo es introducir perturbaciones en diferentes parámetros, de tal modo que los participantes nunca realicen la misma ejecución en el transcurso de las repeticiones. Para el caso, Ranganathan & Newell (2013) experimentaron con el lanzamiento de bala introduciendo variaciones en la posición inicial y final del cuerpo, en la velocidad angular de los segmentos corporales, al igual que en el agarre de la bala.

2.- **Variabilidad en la ejecución:** no hay modificación del resultado de la acción motriz, al cual se llega mediante distintas formas de ejecución. Dado que el resultado no cambia, la variabilidad en la ejecución siempre debe ser de tipo estructurada. El aprendizaje motriz por medio de esta variabilidad permite alcanzar la flexibilidad en la conducta motriz, entendida como la capacidad de responder de diversas formas ante los cambios en el entorno, aun con conductas motrices (movimientos) nunca antes practicadas.

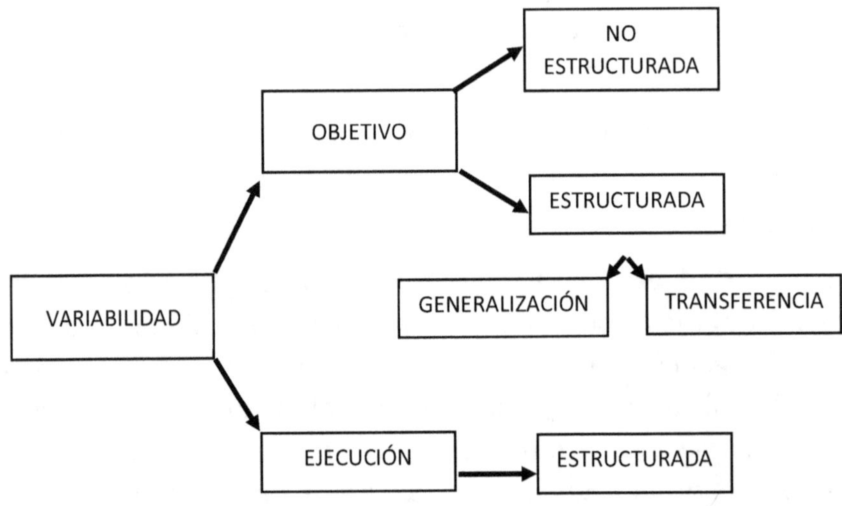


**Figura 6.** Clasificación de la variabilidad en el aprendizaje motriz

Para diferenciar ambos tipos de variabilidad, se puede recurrir a la analogía del lanzamiento en Baseball. El lanzador puede tener como objetivo realizar un lanzamiento cuya posición final de la pelota sea en la zona de strike, sin embargo y de acuerdo al tipo de lanzamiento (variabilidad en la ejecución), la pelota puede seguir diferentes trayectorias, con diferentes velocidades un su desplazamiento hacia la zona de strike. Por otra parte, inicialmente la pelota puede llevar una misma trayectoria y velocidad, pero finalizar en una zona distinta dentro o fuera de la zona de strike, obteniéndose distintos resultados: debajo de la zona de strike, afuera de la zona de strike, adentro de la zona de strike, arriba de la zona de strike, etc.

## 3.3. INTERCONEXIONES NEURONALES ENTRE LAS EXTREMIDADES SUPERIORES E INFERIORES

Diversos estudios sugieren que los movimientos de las extremidades superiores ayudan al desarrollo de los patrones motores de las extremidades inferiores (Ferris, et L., 2006). De manera general, el SNC regula los movimientos de las extremidades superiores mientras se desarrollan actividades comunes como caminar, correr, y en otras no tan comunes como nadar.

En el caso más básico de la camina, se propone (Elftman, 1939; Hinrichs, 1990; Li & Wang, 2001) que el movimiento de las extremidades superiores colabora a mantener no solamente el balance, sino que además a limitar la rotación sobre el eje vertical. Cada vez que se realiza el movimiento de una de las dos extremidades inferiores en el inicio del paso, tal movimiento genera un momento angular sobre el eje vertical, en sentido a la extremidad superior opuesta, la que a su vez contrarresta el momento angular, mediante la generación de su propio momento angular en sentido opuesto al primero: ambos momentos se equilibran.

Son las conexiones interneuronales entre las extremidades superiores e inferiores, las que permiten la coordinación entre dichos segmentos, mediante el control de la activación de los grupos musculares solicitados en una determinada tarea. Dentro de estas conexiones interneuronales se ha identificado respuestas reflejas en movimientos combinados entre ambas extremidades.

## 3.3.1. La lateralidad

Lo previamente expuesto recae en el uso coordinado que se hace de las extremidades, aspecto conocido como lateralidad. La dominancia de un segmento corporal (extremidad) repercute en el aprendizaje de un movimiento por parte del segmento menos dominante, es decir que existe una transferencia (control motor) entre ambos segmentos.

En este sentido y de acuerdo a la capacidad o intensidad de transferencia; Weineck (2005), distingue entre los siguientes tipos de transferencia (Figura 7):

1. Contralateral simétrica: representa el mayor nivel de transferencia, y se da desde la mano y pie dominante hacia la mano y pie contrarios (ej. mano izquierda – mano derecha).

2. Homolateral: representa el segundo nivel de transferencia, y se da de una extremidad inferior hacia una extremidad superior del mismo lado (ej. mano derecha – pie derecho)

3. Contralateral asimétrica: representa el menor nivel de transferencia, y se da desde una extremidad superior o inferior, hacia una extremidad inferior o superior opuesta (ej. pie derecho – mano izquierda).

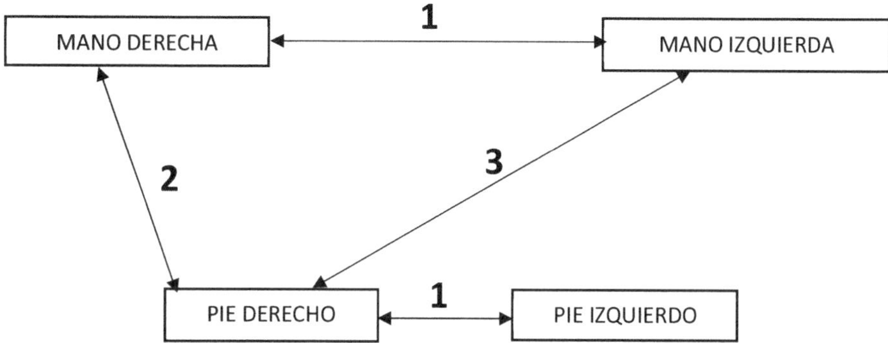


**Figura 7.** Transferencia en la lateralidad

1. Contralateral simétrica

2. Homolateral

3. Contralateral asimétrica

A nivel del SNC, la vía piramidal cruzada que permite el intercambio de información entre los hemisferios, es la responsable de la transferencia contralateral; aspecto determinante para que dicha transferencia se de automáticamente (Weineck, 2005), quizás por ello sea la de mayor intensidad respecto a su capacidad de transferencia.

# 3.4. LA RETROALIMENTACIÓN

Como se constatará en apartado ulteriores, muchas de las teorías, especialmente del control motor, explican la ejecución de un movimiento a partir de secuencias predeterminadas y con poca o ninguna posibilidad de regulación o modificación, particularmente en acciones rápidas.

No obstante, en acciones en las que se dispone de más tiempo para su ejecución, se observan desviaciones en las secuencias de los movimientos previamente planificados, lo que denota la posibilidad de realizar ajustes durante la misma ejecución. Debido al tiempo de duración de estas acciones, las mismas están sujetas a sufrir perturbaciones (fuerzas internas y externas), que son mediadas y reducidas por la retroalimentación.

En este sentido la retroalimentación mantiene la trayectoria planificada de un movimiento, identificando los errores y regulando los componentes de la secuencia a fin de reducir dichos errores. Para que esto ocurra se requiere de la comparación de dos estados del movimiento; el estado ideal y el estado actual. El estado ideal está representado por el programa motor que contiene la imagen (corteza premotora) del movimiento, y el estado actual se refiere a la ejecución misma realizada en tiempo real. Este estado actual constituye la base de la retroalimentación, ya que, si la información del mismo no es acorde a las exigencias de la situación real, la comparación entre ambos estados carecerá de validez (Figura 8). Las estructuras anatómicas responsables de referenciar el estado actual son los sentidos (vista, tacto, oído), en especial los propioceptores (huso muscular, órgano tendinoso de Golgi), sus funciones serán estudiadas más adelante.

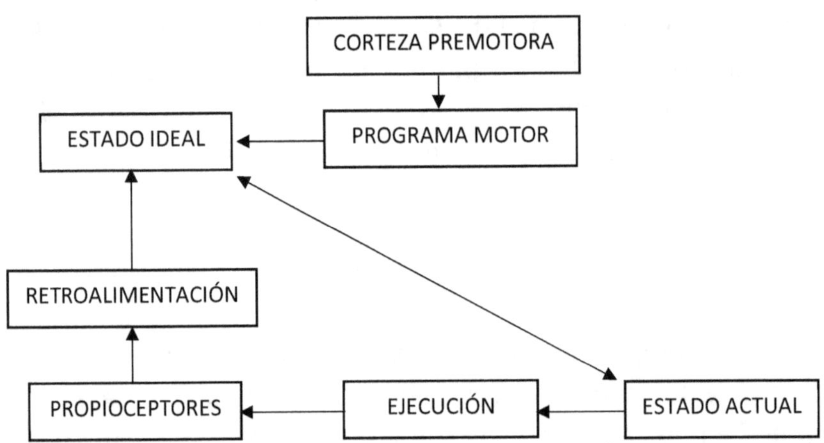


**Figura 8.** La retroalimentación en la corrección de la ejecución motriz

La comparación entre ambos estados (ideal, actual) refleja al mismo tiempo la relación entre la corteza motora primaria (planeación) y el control motor periférico responsable de regular los mecanismos controladores de las extremidades. De acuerdo con Scott (2004), la relación entre ambos componentes se explica desde el marco de modelos internos, de tal modo que existen, para cada movimiento de un segmento o el entorno, procesos neuronales dirigidos a realizar una copia exacta que contenga las asociaciones de tales movimientos o el entorno. De esta manera se crea el concepto de modelo interno, el cual ha servido de marco referencial para el estudio del control y aprendizaje de las habilidades motrices.

La existencia de un modelo interno significa que las características mecánicas de las extremidades tales como, la longitud de las fibras, los tipos de fibras musculares, el ángulo de peneación, y el momento de fuerza (torque); son todas representadas inversamente en dicho modelo que contiene los patrones de un movimiento. Igualmente, estos patrones son creados a partir de las características temporales (velocidad) y espaciales (trayectoria), que finalmente serán las que iniciaran las activaciones musculares para ejecutar el movimiento.

Este modelo interno es lo que anteriormente se menciono como programa motor y su importancia estriba en que su activación, aun antes del propio inicio del movimiento, ayuda a corregir la acción motriz en concordancia con las señales periféricas (propiocepción). Así, se logra establecer una elevada correlación entre las señales sensitivas y la salida (output).

# 3.5. LA COORDINACIÓN MOTRIZ

Es evidente que el control motor se reflejara en una ejecución fluida del movimiento. Tal fluidez solamente es la forma cualitativa de un conjunto de acciones aún más complejas, como los son:

1. El ordenamiento de las acciones de los músculos agonistas y antagonistas.
2. La coordinación neuromuscular (intermuscular, intramuscular).
3. El ordenamiento de los músculos sinergistas.

De acuerdo con Meinel (1987), dichas acciones son parte de la coordinación motriz, lo que puede constatarse en la definición de dicho concepto por varios autores. Entre estas definiciones se destacan las siguientes:

1. Para la estructuración de una adecuada ejecución motriz, es necesario que el SNC funcione en concordancia, interactuando con los elementos del sistema osteomuscular a fin de organizar las sinergias musculares para el control de la misma ejecución, y consecuentemente el logro del objetivo (Le Boulch, 1976).

2. Pre establecimiento de un objetivo motor, que conlleva la tarea de organizar todos los movimientos parciales de la acción motriz. Además, deben ser reguladas las fuerzas internas (contracción muscular) y externas (leyes de la física), así como los distintos grados de libertad que participan en el movimiento (Grosser, 199).

## 3.5.1. Las capacidades coordinativas

Estas son consideradas el fundamento de la coordinación motriz (Caminero, 2006; Hafelinger & Schuba, 2010), ya que el conjunto de la mismas posibilita el control y ejecución coordinada de las acciones (Mejía, 2020).

Las capacidades coordinativas son 7

1. **Capacidad de acoplamiento:** permite la organización de los movimientos parciales que forman parte de un movimiento global (Weineck, 2005), por lo que es una capacidad que posibilita el aprendizaje de habilidades complejas a partir de habilidades mas simples, previamente aprendidas (Peregot & Delgado, 2002). Dada la posibilidad de acoplar movimientos parciales, la fluidez es un patrón distintivo de una buena capacidad de acoplamiento (Hafelinger & Schuba, 2010).

2. **Capacidad de diferenciación:** ya que mediante esta capacidad se logra armonizar de manera exacta todas las fases del movimiento, diferenciando con precisión los parámetros que componen la estructura del movimiento como la fuerza, los desplazamientos, la

velocidad (Martin, et al., 2004), es posible reducir la variabilidad (error) en cada una de las ejecuciones.

3. **Capacidad de equilibrio:** "permite mantener el cuerpo en estado de equilibrio ante cambios leves o bien repentinos." (Mejía, 2020, p. 6).

4. **Capacidad de orientación:** de acuerdo con el entorno en que se lleva a cabo la acción, es posible establecer las relaciones optimas que permitan modificar los movimientos corporales coincidentes con el tiempo y espacio en que estos se dan (Meinel, 1987).

5. **Capacidad de ritmo:** en esta capacidad se organizan temporalmente las activaciones musculares en conjunto con los periodos de relajación (Cañizares & Carbonero, 2016), de tal modo que se establezca una ejecución sincronizada entre dos o mas segmentos a favor de la reproducción de un ritmo interno o externo (Mejía, 2020).

6. **Capacidad de reacción:** esta capacidad se requiere en acciones rápidas e imprevistas, propias de entornos cambiantes, donde se dispone de poco tiempo para emitir una respuesta ante un estímulo (Hafelinger & Schuba, 2010; Martin et al., 2016).

7. **Capacidad de cambio:** cuando una acción previamente ha sido planeada; en diversas situaciones dicho plan sufre de perturbaciones que obligan a cambiar el curso de las acciones, por lo que la anticipación juega un rol importante en el previo reconocimiento de las situaciones cambiantes (Hafelinger & Schuba, 2010), y así poder modificar el programa motor a otro que este más acorde a las nuevas situaciones. Dicha modificación o cambio se realiza a partir de la percepción y la anticipación a los estímulos provenientes del ambiente (Meinel, 1987).

Meinel (1987), divide a las capacidades coordinativas en dos complejos:

1. *Conducción (control):* este conjunto de capacidades permite al ejecutante de una acción motriz comprender los propios

movimientos y conocer en qué momento es necesario la modificación de patrones como la amplitud y velocidad del movimiento (Cortez, 2013). Las disciplinas deportivas cíclicas, con entornos estables son propias de las capacidades de conducción. En este complejo se agrupan las capacidades de acoplamiento, diferenciación, equilibrio, orientación y ritmo.

2. *Cambio (adaptación):* "se encuentran las capacidades que ayudan a modificar la acción motriz de acuerdo a la situación, este complejo de capacidades se expresa en las modalidades deportivas de conjunto con un entorno cambiante de juego." (Mejía, 2020, p. 5). En este complejo se agrupan las capacidades de equilibrio, orientación y ritmo, reacción y cambio.

## 3.5.2. La coordinación motriz ¿Se aprende o se desarrolla?

En algunos círculos académicos se discute si la adquisición de la coordinación motriz es producto de su desarrollo o de su aprendizaje. Se argumenta que la coordinación motriz, al igual que las capacidades condicionales (fuerza, resistencia, velocidad, movilidad), se desarrolla, mas no se aprende.

Esta obra es de la opinión que la coordinación motriz se aprende. Para la argumentación en respaldo a esta opinión es necesario recordar la definición de aprendizaje y posteriormente destacar el aprendizaje de la técnica deportiva.

El aprendizaje es el cambio permanente o transitorio de una conducta, al igual de las representaciones mentales que se tenga de un fenómeno, todo ello como producto de la práctica (Ormorod, 2005). En el caso del deporte, el aprendizaje de una técnica deportiva se da a través de la practica (experiencia), que permite el almacenamiento en la memoria, de las sensaciones y representaciones mentales que se traducirán en movimiento.

Thomas et al. (2016) indican que el proceso de memorización de los patrones motores de un movimiento se da en tres etapas: adquisición, consolidación y retención. Es en la consolidación donde se registra la memoria motriz (Hodges, & Williams, 2019), que contiene la secuencia de movimientos integrada por habilidades previamente aprendidas (Fernández, 2017). Es así que se puede resumir el aprendizaje de la técnica deportiva.

Pero, ¿Cuál es la relación del aprendizaje de la técnica deportiva con la coordinación motriz? Primeramente, no debería haber duda alguna que en la técnica deportiva se agrupan un conjunto de destrezas motrices. En consideración a lo anterior, Martin et al. (2016), responden a la pregunta planteada, afirmando que la coordinación motriz es una de las fases para la adquisición de las destrezas motrices.

Es segundo lugar, resulta de utilidad estudiar las definiciones de ambos conceptos (técnica deportiva, coordinación motriz), para lo cual se citan las siguientes:

1. **Coordinación motriz:** pre establecimiento de un objetivo motor, que conlleva la tarea de organizar todos los movimientos parciales de la acción motriz. Además, deben ser reguladas las fuerzas internas (contracción muscular) y externas (leyes de la física), así como los distintos grados de libertas que participan en el movimiento (Grosser, 1991).

2. **Técnica deportiva:** es un sistema de acciones que se presentan simultáneamente y se suceden en el tiempo y el espacio. Dicho sistema tiene por finalidad, organizar la fuerzas internas y externas que condicionan el movimiento del deportista, a favor de solucionar una tarea motriz concreta (Zhelyazkov, 2001).

El lector puede darse cuenta en las similitudes entre ambas definiciones, especialmente en lo relacionado al ordenamiento de los movimientos y de las fuerzas que los producen. Lo señalado hasta este punto, dirige a considerar que la coordinación motriz, al igual que la técnica deportiva, se aprende. Así lo sostienen los siguientes autores:

*Verkhoshansky (2018):*

Por medio de la practica el SNC memoriza los patrones que conforman la estructura del movimiento, grabando y modificando las funciones de los componentes del sistema. Por tal motivo la coordinación motriz es el resultado de un proceso de aprendizaje.

*Weineck (2005).*

Para el entrenamiento de las capacidades coordinativas es necesario priorizar en primer lugar el aprendizaje de las habilidades simples relacionadas a otras más complejas.

*Huter-Becker, et al., (2006).*

No deben confundirse los procesos relacionados a las adaptaciones morfológicas y funcionales, con las transformaciones del SNC en las que se potencian las relaciones neuromusculares, propiciadas por el aprendizaje.

*(Huter-Becker et al., (2006).*

Las edades ideales para el aprendizaje de la coordinación se sitúan de 10 a 12 años, y luego de 14 a 18 años.

Queda claro, al menos para esta autoría, que la coordinación motriz, si bien se puede evidenciar un desarrollo en su dominio, es producto del aprendizaje. Ahora bien, ¿Que importancia tiene determinar el hecho que la coordinación motriz se aprende? Básicamente la repuesta se fundamenta en el uso adecuado y pertinente de los recursos, medios y métodos para producir dicho aprendizaje, los cuales deberán de responder a las teorías de aprendizaje (conductismo, cognitivismo, procesamiento de la información) para potenciar su adquisición.

# Capítulo 4

# TEORIAS PIONERAS EN EL ESTUDIO DEL CONTROL Y APRENDIZAJE MOTOR

A continuación, son expuestas tres teorías que han sido la base de múltiples investigaciones, y cuyos conceptos aún tienen vigencia en su aplicación práctica y experimental. Las mismas, en especial la teoría del bucle cerrado (Adams) y la teoría del esquema (Schmidt), presentan una relación inequívoca con la evolución de las metodologías de estudio del control motor, así como con la comprensión del fenómeno.

## 4.1. TEORÍA GRADOS DE LOS LIBERTAD DE NIKOLAI A. BERNSTEIN

Nikolai A. Bernstein, fue un fisiólogo ruso, pionero en el diseño de instrumentos y procedimientos para el estudio del movimiento. Resalta en su obra el uso detallado y preciso de las matemáticas y la física en el análisis del control y aprendizaje motor (Biryukova, & Sirotkina, 2020).

Previo a los trabajos de Bernstein, el estudio de la conducta se basaba en la teoría de Pavlov (1927), cuya perspectiva reactiva estimaba el aprendizaje como un producto o respuesta a estímulos ambientales. En contraparte, Bernstein enmarco su trabajo en la fisiología de la actividad, la cual postula que la conducta motriz es desarrollada y construida en una relación causal, donde, el objetivo del movimiento, ayuda al desarrollo del mismo en términos de adaptabilidad, variabilidad y entrenabilidad (Biryukova, & Sirotkina, 2020).

Por ello, la concepción de Bernstein respecto al control motor, rebasaba lo meramente corporal; resalto la importancia del dominio psicológico en el estudio del procesamiento central de la información, y su implicación en el aprendizaje. Dicho aspecto le llevo a abordar el estudio del control motor desde la perspectiva psicológica y neurológica. Bernstein (1947) señalo que la flexibilidad, pero sobre todo la plasticidad del SNC, incrementa la habilidad de adaptación de los organismos a los cambios inesperados del entorno, ajustando rápidamente la conducta al ambiente. Tal aspecto establece que la adquisición y ejecución de los patrones coordinativos de los movimientos complejos, requieren de una alta diversidad en el repertorio de respuestas motoras, a fin de facilitar dichas respuestas, aun mediante movimientos nuevos o no practicados previamente.

Para sus estudios creo y utilizo ampliamente el método de la ciclometría, con el cual media el ciclo de un movimiento en diversas acciones tales como el martilleo; este, el análisis más conocido de su trabajo. Mediante la captura de una secuencia de imágenes a intervalos iguales, la acción en cuestión podía ser grababa, posteriormente se obtenía el análisis cinemático con el cálculo de variables como la velocidad y la aceleración. De esta manera, era posible determinar los impulsos dinámicos del SNC actuantes sobre la periferia, y reflejados en el torque muscular generado sobre cada articulación implicada en la acción.

## 4.1.1. Perspectiva biomecánica de la teoría de Bernstein

Como se verá más adelante, Bernstein, apoyo sus conceptos relacionados al control motor a principios físicos y mecánicos de la estructura osteomuscular. Considero las variables biomecánicas y las relaciono con las variables neurofisiológicas; aspecto que se evidencia en sus análisis matemáticos. De tal modo que estimo a las vías aferentes y eferentes de comunicación como mediadores entre la estructura mecánica del sistema y los elementos neurofisiológicos.

Los aportes de Bernstein al desarrollo de la biomecánica abarcaron las aplicaciones de la matemática cinematográfica y la ingeniería mecánica en el estudio del movimiento.

Actualmente se puede apreciar como muchas de las teorías contemporáneas, basan sus conceptos e hipótesis en los principios matemáticos, con el fin de, a través de simulaciones, establecer proyecciones de los movimientos. Esto hace posible de manera probabilística predecir el movimiento, "Los desarrollos recientes indican una tendencia que se aleja del simple registro y medición del curso temporal de un movimiento a una posición en la que los movimientos pueden describirse en términos de enunciados mecánicos y/o matemáticos" (Wilberg, 1984, p.28).

## 4.1.2. Perspectiva psicológica de la teoría de Bernstein

La perspectiva biomecánica en el estudio del movimiento desarrollada por Bernstein presenta un paralelismo con las teorías tradicionales aplicadas en la psicología experimental, tanto en el enfoque asociativo como en el cognitivo.

En la psicología asociativa los procedimientos descriptivos (cinemática) del movimiento aislado tienen un carácter meramente asociativo entre los componentes mecánicos del aparato osteomuscular. Por el contrario, la aproximación cognitiva permite conocer e integrar los procesos y representaciones mentales con el sistema neuromuscular durante el desarrollo del movimiento, en conexión con otros movimientos como parte de un patrón integrado e intencionado. Lo anterior marca una de las mayores diferencias entre ambos análisis (asociativo, cognitivo), la cual radica en la unidad de análisis a estudiar, por ejemplo, Wilberg (1984) señala la formación de unidades funcionales independientes para cada movimiento de la cabeza (rotación, extensión, flexión), al tiempo que cuando cada uno de estos movimientos se combina con los movimientos oculares y las adaptaciones posturales se forma la conocida "respuesta de observación" como otra unidad funcional completamente diferente.

Si bien es cierto que Bernstein utilizo ambas perspectivas; la ausencia del estudio del rol que juega la memoria y la toma de decisión en el control del movimiento evidencia una marcada inclinación al uso de la perspectiva asociativa (Wilberg, 1984).

## 4.1.3. Principios teóricos de la Teorías de Bernstein

En el análisis del martilleo (Imagen 1), comparo dos formas de ejecución (movimientos):

1. Martilleo con abducción del hombro.
2. Martilleo sobre el plano vertical.

El propósito fue determinar la eficiencia de ambas ejecuciones. Para ello selecciono a la velocidad como patrón de comparación, pronosticando que el movimiento más efectivo sería el que desarrollase una mayor velocidad y en consecuencia una mayor fuerza; esto, producto de la reducción en la amplitud de los movimientos articulares innecesarios (Bernstein, 1947).

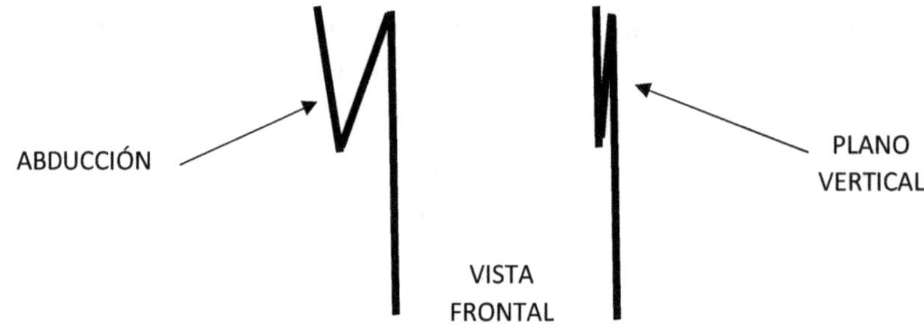


**Imagen 1.** Ángulo del hombro para el registro ciclométrico de la acción del martilleo

Biryukova & Sirotkina (2020) indican que los resultados de dicho análisis fueron:

1. El martilleo con abducción del hombro fue más eficiente, ya que las amplitudes de las articulaciones eran menores.

2. En el martilleo con abducción del hombro, el centro de gravedad tanto del martillo como del brazo del ejecutante, se ubicaron en la

posición óptima para transformar la energía cinética (velocidad) en energía dinámica (fuerza).

3. De acuerdo a los dos resultados anteriores, la velocidad del martillero con abducción del hombro resulto mayor que el realizado en el plano vertical.

4. A causa de la mecánica del movimiento, en el martilleo vertical se registraba un rebote luego del mismo, lo que disipaba la energía de la acción, reduciéndose la fuerza del impacto.

Este y otros análisis de distintos movimientos, llevó a Bernstein a desarrollar su teoría que explica como el SNC controla los movimientos complejos multiarticulares. Dicha teoría se fundamenta en el concepto de grados de libertad.

En el cuerpo humano, cada grado de libertad está determinado por el rango de movilidad (grados) de las articulaciones en los distintos ejes (vertical, transversal, anteroposterior) en combinación con los planos (coronal, sagital, transversal). La infinita combinación de ángulos, ejes y planos, así como la enorme cantidad de activaciones neuromusculares actuando sobre una articulación, resulta en infinitas posibilidades de ejecutar un movimiento. Pese a dicha variabilidad, el SNC es capaz de controlar los grados de libertad; esto es lo que se conoce como el "problema de Bernstein".

## 4.1.4. Problema de Bernstein

### 4.1.4.1. Los grados de libertad

El problema de la abundancia de los grados de libertad puede dimensionarse si se consideran tres fuentes:

1. Los grados de libertad anatómicos: determinado por la estructura osteomuscular.

2. Los grados de libertad cinemáticos: expresados por variables como la trayectoria, los desplazamientos, la velocidad y la aceleración.

3. Los grados de libertad neurofisiológicos: referidos a la activación neuromuscular.

Bernstein (1947) explica de una manera más formal y matemática el problema de la abundancia de grados de libertad: la figura 9a presenta una sola articulación, con una sola fibra muscular M1; aquí, el problema se extiende hasta una cantidad finita determinada por los grados de libertad agrupados en M1. En el caso de la figura 9b, con cuatro fibras musculares (M1, M2, M3, M4) y una cantidad hipotética de 5 grados de libertad por cada fibra muscular (5C4) el problema se extiende hasta una cantidad finita de 120 grados de libertad, los que finalmente condicionaran la variabilidad en la ejecución de un movimiento.

**Figura 9.** Extensión de los grados de libertad con la participación de una mayor cantidad de componentes, tales como los músculos.

Refiriéndose a la relación existente entre el movimiento y el impulso nervioso (inervación) que lo origina, Bernstein (1947) señalo que el nivel de tensión muscular es una función en primer lugar de la inervación y en segundo lugar de la longitud de la fibra muscular.

Matemáticamente, Bernstein expreso dicha relación con ecuaciones donde considero como variable y función de la inervación a la longitud de la fibra representada por el ángulo de la articulación y la velocidad del cambio de dicha longitud.

Posteriormente considero la aceleración angular del segmento corporal, la cual es directamente proporcional al momento de fuerza ($F$) e inversamente proporcional a la inercia ($I$).

Igualmente desarrollo otras ecuaciones en las que integro la suman de otras fuerzas actuando sobre un determinado segmento, como es el caso de la fuerza de gravedad (G), la cual también es una función del ángulo de la articulación.

De esta manera y considerando la aceleración angular del segmento, como un producto de los dos momentos de fuerza (muscular, gravitacional), Bernstein (1947) formulo una ecuación final para predecir el movimiento a partir de una cantidad finita de grados de libertad.

Quien desee revisar dichas formulas y profundizar en su aplicación puede revisar Bernstein, (1935).

Bernstein puntualizo que la ecuación final, solamente predecía el movimiento de un solo segmento, influenciado por una sola fuerza externa (gravedad), una sola fuerza interna (único músculo), y con el nivel de inervación ($E$) conocido.

Sin embargo, si se consideran los casos revisados en las figuras 9a y 9b, a la vez que se amplía el análisis hipotético con la inclusión de los músculos flexores de la rodilla (bíceps femoral, semitendinoso, semimembranoso, sartorio, grácil) y los músculos extensores (vasto medial, vasto intermedio, vasto lateral, recto femoral), el problema aumenta a al menos nueve variables a ser controladas por el SNC. En este caso, una ecuación para predecir el movimiento se torna complicada de administrar tanto cuantitativa como cualitativamente, sin embargo, este aspecto no limita la ecuación (Bernstein, 1947).

Mediante este y otros análisis matemáticos, Bernstein determino que el SNC debía de reconocer las variables constantes para poder calcular los valores de los patrones motores y predecir el nivel de logro de la conducta motriz esperada. La cantidad de grados de libertad lleva al problema de la redundancia motriz, donde cada elemento (anotómico, cinemático, neurofisiológico) presenta un sin fin de variables, por lo que el SNC se enfrenta al problema de seleccionar la mejor opción a partir de un infinito número de posibilidades, lo que se puede comparar a resolver, a partir de m incógnitas, n cantidad de ecuaciones (n < m) (Latash, 2016).

De este modo un movimiento nunca es realizado de la misma forma, sino que el SNC selecciona un conjunto de variables distintas en cada repetición. No obstante, el resultado observado es similar en la mayoría de repeticiones.

En el problema de los grados de libertad, Bernstein explico la relación entre la retroalimentación, y las perturbaciones (Figura 10) que alteran la vía aferente sensitiva; la cual es necesaria a fin de mantener los patrones pre establecidos por el comando motor dirigido a alcanzar un objetivo.

Dichas perturbaciones, plantean el problema principal de los grados de libertad en relación a la función del SNC en la solución de una tarea, que es el alto nivel de incertidumbre, lo poco predecible, y el carácter equivoco de una tarea motriz.

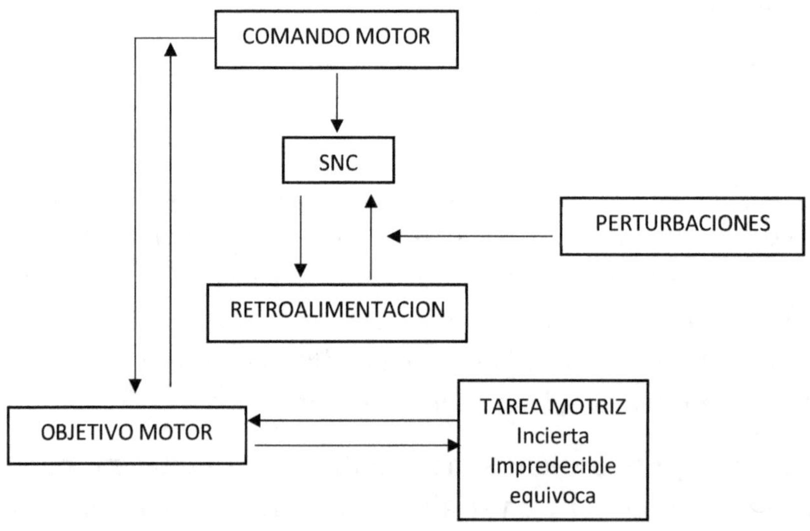


**Figura 10.** Control de las perturbaciones y la relación de estas con las vías sensitivas responsables de la retroalimentación.

Las características de la tarea motriz (Figura 10) y los resultados de sus análisis, llevaron a Bernstein a inferir que la solución por parte del SNC se concreta por medio de dos mecanismos relacionados al almacenamiento y procesamiento de la información:

1. La construcción de un modelo de consecuencias motoras que contiene las señales sensoriales futuras. La idea es que el conocer las consecuencias, antes de que estas ocurran, puede reducir los efectos negativos de las perturbaciones sobre las señales sensitivas.
2. La construcción de representaciones topológicas de una tarea motriz, donde se codifican los elementos invariantes (fuerza, velocidad, tiempo, etc.) de dicha tarea.

### 4.1.4.2. Movimiento restringido de los segmentos

De acuerdo a la teoría de Bernstein, el movimiento de los segmentos y la variación de estos, esta mediado o restringido por la sinergia entre dos o más articulaciones. Estas restricciones se clasifican en:

1.- **Restricciones de la vía eferente:** las señales eferentes se correlacionan con variables (sinergia, oscilación, unión muscular) propias de la estructura coordinativa del movimiento global en el tiempo y el espacio.

2.- **Restricciones de la vía aferente:** basada en la idea que los grupos musculares que responden a un reflejo espinal comparten señales aferentes en común (Sherrinton, 1913).

3.- **Restricciones de los criterios determinantes del rendimiento:** estas dictan si el objetivo para el cual se generó y controlo el movimiento fue alcanzado, por lo que la eficacia y eficiencia de la acción motriz indicaran dicho logro. Así, son tres criterios que determinan el rendimiento: objetivo, costo funcional y costo mecánico. Es fácil poder observar estos tres criterios en el análisis del martilleo estudiado previamente; en el martilleo con abducción del hombro se observó un menor costo mecánico al utilizar una menor cantidad de grados de libertad, lo que genero un mayor valor funcional expresado por la velocidad y la fuerza de martilleo para logra el respectivo objetivo con eficacia y eficiencia.

### 4.1.4.3. La jerarquía del control motor

Bernstein argumento que el movimiento es dirigido por una relación pre establecida entre los controles motores dispuestos jerárquicamente en niveles dentro del SNC (Figura 11). Un primer concepto a tener en cuenta son los límites de cada nivel en la jerarquía, que definen la relación entre cada nivel. Al respecto los siguientes principios explican dicha relación.

1. **Principio de menor interacción:** cada nivel jerárquico debe tener la suficiente autonomía para llevar a cabo los procesos necesarios en el control del movimiento propios de dicho nivel, sin tener que recurrir a otro nivel.

2. **Principio de igualdad simple:** explica la distribución de los procesos a cada nivel jerárquico de acuerdo a las acciones propias de dicho nivel. Esto es que, de acuerdo con las características de un movimiento, este será controlado por el nivel que guarde relación (igualdad simple) con dichas características.

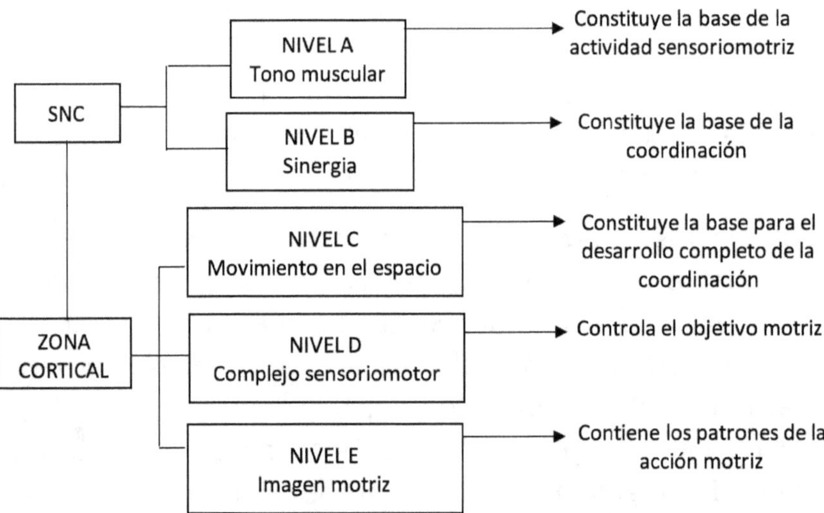


**Figura 11.** Niveles jerárquicos en control de los movimientos bajos los principios de interacción e igualdad simple.

La autonomía de los niveles no significa una falta de comunicación entre ellos, sino que cada nivel se comunica con los otros solamente si las condiciones así lo requieren, por lo que la acción puede ejecutarse eficientemente al requerir una menor participación de elementos (niveles) estructurales. Cuando se requiere de la participación de dos o más niveles, estos pueden ser activados de manera paralela o en serie; la primera permite que dos acciones distintas se lleven a cabo controladas por niveles distintos; por el contrario, en la segunda es necesario que un nivel previo finalice su proceso para que el siguiente inicie el propio, a fin de realizar la tarea global.

Cuando se construye un movimiento, el nivel superior envía la orden al nivel inferior de realizar su tarea parcial automáticamente, por lo que los niveles inferiores son el trasfondo y la base del nivel superior, al tiempo que los niveles superiores potencian la capacidad de los niveles inferiores (Petryński, 2007).

Este orden jerárquico de los niveles presenta un problema aún más complejo, como es el caso de la coordinación de los impulsos nerviosos entre dichos niveles. Para comprender tal complejidad; en primer lugar, se debe tener presente que la coordinación es el proceso por medio del cual se asegura la integración homogénea de la unidad estructural que compone la ejecución de un movimiento (Bernstein, 1947); en segundo lugar, considerar que ningún movimiento, automático o complejo, puede ser explicado o controlado por uno o más impulsos nerviosos estereotipados.

Por ello el SNC coordina los efectos por separado de cada impulso, pero aún más importante, los efectos en conjunto de dos o más impulsos controlados en diferentes niveles. Esto es lo que Bernstein denomino como la organización de la actividad motora responsable de organizar el esquema estructural de no uno, sino de dos o más sistemas de estímulos.

Estos sistemas de estímulos son los que componen cada uno de los esquemas o engramas necesarios para la acción, los cuales trabajan de manera homogénea en tiempo y espacio (coordinación).

### 4.1.5. Aportes contemporáneos de la teoría de Bernstein

En los siguientes apartados se estudiarán la teoría del Bucle cerrado de Jack Adams y la teoría de los esquemas de Richard Schmidt. En la medida que se desarrolle su estudio, se podrán identificar algunas influencias de Bernstein en la formulación de estas teorías. En especial, se apreciará la similitud en la aplicación del principio de la variabilidad de la respuesta en ambas teorías.

Contemporáneamente, y en concordancia con la teoría de Bernstein; Petryński (2007), señala que la conducta motriz no puede ser explicada desde un único modelo universal, sino que existen mecanismos independientes para el control de cada movimiento en su respectivo nivel. De tal forma que, distintas perspectivas (modelos) deben de combinarse para dar forma a la comprensión del desarrollo de una acción motriz. En el capítulo 5 se revisarán algunas teorías contemporáneas que aplican ciertos principios de la teoría de los grados de libertad.

## 4.2. TEORÍA DEL BUCLE CERRADO DE JACK ADAMS

Jack Adams público más 100 artículos relacionados al control y aprendizaje motor, los cuales están marcadamente influenciados por la psicología de la ingeniería; área de especialización de Adams en la que trabajo en la Universidad de Illinois.

Los inicios de la teoría de Adams se remontan hacia 1970, cuando se experimentó una transición en el estudio del control motor, del paradigma conductista (estimulo-respuesta) al cognitivista. Con este hecho se inició el estudio de los procesos que subyacen a la conducta observada y que explican la selección de los programas motores utilizados en la solución de una tarea.

Para poder comprender como las acciones (movimientos) eran representadas en la memoria y como se utilizaba la información relacionada a los errores en la corrección y aprendizaje motor, fue necesario considerar al ser humano como un procesador de la información, capaz de codificar y almacenar la información correspondiente a una cantidad infinita de movimientos (Schmidt & Lee, 1941).

Es así que los estudios realizados se enfocaron y apoyaron en las teorías del procesamiento de la información, específicamente en tres conceptos:

1.  Capacidad de percepción.
2.  Capacidad cognitiva.
3.  La memoria, como elemento clave en la recuperación de la información necesaria en la solución de una tarea.

Por ello, el cómo se produce el aprendizaje, fue explicado mediante la cibernética para exponer las estructuras y la relación entre estas en el manejo de la información a nivel periférico (percepción) y central (cognitivo), explicando además la participación activa del sujeto en su propio aprendizaje motor, ya que dicha participación es el medio principal en la solución de un problema.

Además, un punto central en la formulación de la teoría, consecuencia de la psicología de la ingeniería, era que se debía demostrar la capacidad de detectar el error y la corrección del mismo a fin de producir aprendizaje. Esto último, contradice la corriente conductista, que acredita el aprendizaje a la simple exposición a la práctica y la aplicación de reforzadores (estímulos).

## 4.2.1. Teoría del bucle cerrado

La teoría se refiere al proceso de aprendizaje, especialmente, de las habilidades simples y las respuestas graduadas en un acto motriz. Una de las primeras influencias en su construcción, fueron las teorías del aprendizaje; entre ellas, destaca los estudios de Thorndike (1927) que le llevaron a establecer la *Ley del Efecto*.

### 4.2.1.1. Ley del efecto

El primer experimento que Thorndike realizo es conocido como la caja de Thorndike; en este, dentro de una caja colocó un gato, el cual debía de manipular una palanca para salir de la misma. En los primeros intentos los movimientos del gato eran aleatorios, sin embargo, casualmente lograba activar la palanca y salir de la caja. En la medida que el gato repetía el ejercicio, a lo que podemos referirnos como ensayos, los movimientos eran más intencionados y el error en cada ensayo se reducía, al igual que el tiempo que el gato tardaba en salir de la caja.

De acuerdo con Thorndike el aprendizaje es producto de la repetición del ensayo y el error, en el que las conductas que producen satisfacción se adquieren progresivamente, y las conductas aversivas son eliminadas. De tal forma que las recompensas tienden a consolidar las conductas deseadas, mientras que el castigo las elimina (Ormorod, 2004).

De esta manera se destacó el papel de la experiencia reforzada por medio de la práctica, en el fortalecimiento de las conexiones entre los estímulos y las respuestas (ER) y por ende de la conducta. Respecto a la práctica, enuncio que la frecuencia de la misma no produce aprendizaje por sí misma, sino que debe considerarse la relación ER, en la que los efectos de los estímulos positivos o recompensas son mayores, aun con menor frecuencia de la práctica, que los estímulos negativos o castigos (Thorndike, 1927). Dicho de otra manera; la calidad del estímulo despertara el interés en presentar la conducta y mantenerla durante un mayor tiempo.

### 4.2.1.2. Ley del efecto y conocimiento del resultado

En 1927, Thorndike reporto los resultados de su experimento "A". En dicho experimento un grupo de participantes debían determinar la medida de una tira de papel con longitud de 3 a 27 cm, utilizando como única referencia una tira estándar de 10 cm de largo.

Posteriormente, durante siete (7) días se repitió el mismo protocolo (práctica) a los mismos participantes, con la excepción que en el periodo de práctica se utilizaron estímulos llamados refuerzos verbales; los cuales eran las palabras "Correcto" e "Incorrecto".

Cuando un participante daba un valor aproximado al real se le indicaba si dicho valor era "correcto" o "incorrecto". Al finalizar el periodo de práctica, se repitió el test inicial (sin refuerzos); los resultados mostraron que la cantidad de aciertos en el segundo test fue mayor que en el primero. Igualmente, la cantidad de aciertos fue mayor en el grupo experimental, en comparación al grupo control, quienes no recibieron refuerzos verbales durante el mismo periodo de práctica.

Cuando un participante daba un valor aproximado al real se le indicaba si dicho valor era "correcto" o "incorrecto". Al finalizar el periodo de práctica, se repitió el test inicial (sin refuerzos); los resultados mostraron que la cantidad de aciertos en el segundo test fue mayor que en el primero. Igualmente, la cantidad de aciertos fue mayor en el grupo experimental, en comparación al grupo control, quienes no recibieron refuerzos verbales durante el mismo periodo de práctica.

Cuando la palabra correcto sigue a una conducta deseada o esperada, esta se asocia con un evento gratificante que reforzara la repetición de la conducta hasta que la misma sea permanente. En contraparte, cuando a una conducta le sigue la palabra incorrecto, esta se asocia con un castigo que hace que se abandone la conducta no deseada, como puede ser un movimiento. Adams (1977), señalo reforzadores como el alimento, el agua e incluso descargas eléctricas, que producían aprendizaje en los animales. En los seres humanos, también se ha aplicado diferentes reforzadores para potenciar el aprendizaje, estos reforzadores se conocen igualmente como conocimiento de resultado (KR), como el ejemplo de las palabras correcto e incorrecto.

Adams construyo su teoría, basado en tres principios:

1. **Control verbal**: el aprendizaje de una acción motriz no solamente se relaciona con lo corporal, sino que se experimentan otras influencias como el lenguaje. Por lo que la secuencia de un movimiento ejecutado conscientemente, está bajo el control verbal.

2. **Conocimiento del resultado (KR):** cognitivamente, las personas utilizan el conocimiento de los resultados para variar las respuestas y reducir el error de un ensayo a otro durante el periodo de práctica o aprendizaje.

El aprendizaje motor se ve como un problema a resolver cuyo proceso de solución, básicamente presenta la siguiente secuencia: se intenta realizar un movimiento, se provee KR respecto a la ejecución, se intenta realizar de nuevo dicho movimiento en base al KR, y así sucesivamente hasta que error en la ejecución es reducido o nulo. Así, la información que se provee por medio del KR se utiliza para resolver el problema, que consiste en aprender un movimiento (Adams, 1977).

El KR puede ser cualitativo o cuantitativo. Un ejemplo del primer caso es el experimento "A" de Thorndike (1927), previamente revisado. En el caso del KR cuantitativo, Thorndike realizo el experimento "B" en el cual los sujetos, sin ayuda de la visión, debían dibujar una línea recta de 3, 4, 5, y 6 plg.; cuando el sujeto dibujaba la línea con una diferencia menor a $^1/_8$, de lo esperado, se le reforzaba con la palabra "Correcto" (KR cuantitativo), si el sujeto dibujaba la línea con una diferencia mayor a $^1/_4$ de lo esperado, se le reforzaba con la palabra "Incorrecto" (KR cuantitativo).

Lo expuesto anteriormente es una evidencia de la conexión entre la conducta verbal y la conducta motriz. Como se indicase en el principio de control verbal; a través del uso debido de conocimiento del resultado, es posible generar una transferencia entre el aprendizaje verbal y el aprendizaje motor,

3. **Error:** concierne a las teorías del aprendizaje motor, explicar la función del error en la ejecución de una acción motriz y la capacidad de las personas de detectar dicho error.

Precisamente la capacidad de detección del error está relacionada con la retroalimentación de la respuesta a un movimiento motor. Dicha retroalimentación es propia de los sistemas cerrados, mas no de los sistemas abiertos. Con la finalidad de determinar si una conducta o movimiento corresponde a un programa motor (sistema abierto) o es dependiente de la retroalimentación (sistema cerrado), ambos sistemas han sido aplicados en el estudio de la conducta motriz de los sistemas orgánicos.

### 4.2.1.3. Sistemas abiertos

Los componentes de un sistema de control abierto son:

1.- *Sección controladora*: recibe y organiza la cantidad de información que entra al sistema.

2.- *Sección procesadora:* genera la respuesta o salida a partir de la información de entrada.

**Figura 12.** Componente de un sistema de control abierto

La figura 12 muestra que en los sistemas abiertos la respuesta o la acción a ejecutar es totalmente independiente de la salida, es decir que la información de entrada no se relaciona con la salida, por lo que estos sistemas actúan sin la presencia de retroalimentación. Un calentador de agua es el ejemplo común de estos tipos de sistema, el cual carece de un receptor que le indique la temperatura del agua a modo de apagar, detener o regular el sistema.

En los organismos vivos se pueden encontrar muchos casos de conducta motriz controladas por sistemas abiertos; un ejemplo son los experimentos que Wilson (1961) realizo con insectos y sus patrones de conductas motrices, como el vuelo; los resultados le llevaron a concluir que el vuelo era controlado por un programa motor ejecutado mediante un sistema abierto.

A pesar de las ventajas de los sistemas abiertos, tales como su diseño simple; la ausencia de retroalimentación hace que estos sistemas sean deficientes en el manejo de perturbaciones o cambios en el entorno donde actúan, siendo incapaces de detectar y corregir el error.

### 4.2.1.4. Sistemas cerrados

Los componentes del sistema abierto aplican igualmente para un sistema cerrado (Figura 13), diferenciados por el uso de la retroalimentación. En los sistemas cerrados la salida es continuamente monitoreada con el objeto de detectar posibles errores en la respuesta. Estos errores son corregidos mediante nuevas señales (retroalimentación) enviadas a la entrada para la generación de una nueva salida o respuesta modificada. Esta cualidad permite al sistema detectar las perturbaciones por medio de la detección de los cambios en el entorno, lo que le provee una alta precisión en la respuesta.

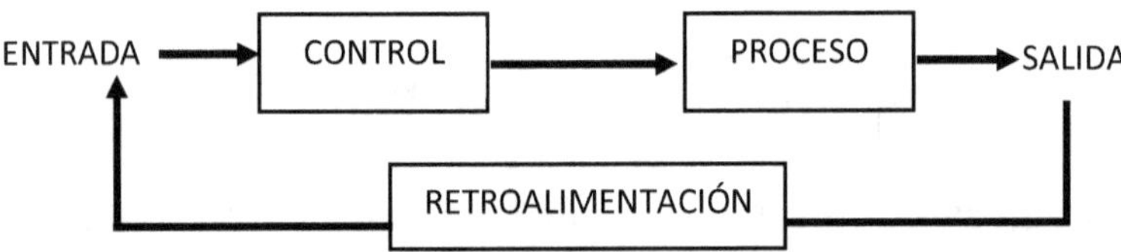


**Figura 13.** Componente de un sistema de control cerrado

## 4.2.2. Principios teóricos del bucle cerrado de Adams

### 4.2.2.1. La huella perceptual: paso de la etapa motor-verbal a la etapa motriz.

Adams (1977) destaco la memorización de los movimientos realizados en ensayos previos, como aspecto fundamental en el aprendizaje motor. Dicha memoria contiene elementos como la dirección y la extensión de los segmentos corporales involucrados en los movimientos. Estos elementos memorizados son referenciados y comparados con el KR de los errores en dichos movimientos y con la acción o movimiento actual. Lo que hace posible esta comparación es la retroalimentación, similar al funcionamiento de un sistema cerrado (Figura 12).

Este proceso continuo de comparación y memorización produce la huella (memoria) perceptual, que es fortalecida mediante la práctica; es decir por la repetición continuada del movimiento y la exposición permanente a la retroalimentación causada por el KR. Por esta razón, Adams denomino la primera etapa en los periodos tempranos del aprendizaje motor, como la "etapa motor-verbal" la cual es coincidente con los métodos verbales utilizados en el proceso de entrenamiento en el ámbito deportivo, que de acuerdo con Platonov (2001) ayuda a transmitir, mediante la explicación verbal y la demostración práctica, información adicional que será dirigida a la conciencia del aprendiz. Por medio de esta información adicional es posible la construcción de una imagen abstracta que contiene los detalles de los movimientos realizados, tales como: los posibles errores en la ejecución, las discrepancias entre el programa motor y la acción ejecutada en tiempo real, el resultado esperado de acuerdo con el objetivo, etc.

Debido al uso y reforzamiento de la huella perceptual en combinación con el KR se reducen los errores de un ensayo a otro, hasta que dicho error es mínimo o nulo.

La secuencia de dicho proceso se observa en la figura 14; en el ensayo 1 ambos sistemas (abierto, cerrado) interactúan para producir y regular una respuesta, posteriormente se presenta el KR; a continuación, se repite el proceso para el ensayo 2, ensayo 3, hasta que el error es mínimo.

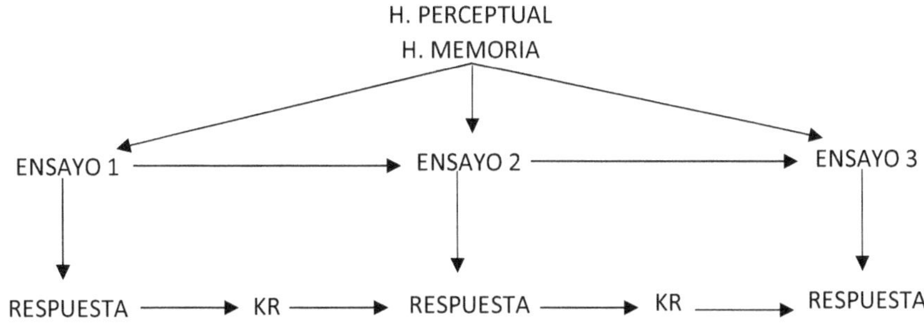


**Figura 14.** Interacción entre la huella perceptual y la huella memoria en la minimización del error.

Después de múltiples ensayos, la respuesta o movimiento puede ser ejecutada con poco o ningún error, por lo que se considera que dicho movimiento ha sido aprendido en su totalidad. Este momento representa las etapas avanzadas de entrenamiento, en las que el sujeto puede prescindir del KR para la realización correcta de un movimiento, el cual ahora depende de la comparación de la acción presente y la imagen de la acción formada a partir de la huella perceptual. A este estadio se le conoce como la "etapa motriz

En consecuencia, el aprendizaje motor no siempre requiere del KR. Como ya se ha establecido, este es necesario en los periodos tempranos del aprendizaje.

Es clara la función de la huella perceptual, como el mecanismo que posibilita la monitorización permanente de la respuesta motora y su regulación, a la vez que se relaciona con el KR que provee la información cualitativa y cuantitativa respecto al error. Sin embargo, la huella perceptual requiere de otro componente cuya función es seleccionar e iniciar la respuesta motriz, esa es la función de la huella memoria.

### 4.2.2.2. La huella memoria

La huella memoria contiene el programa motor desde el que se selecciona e inicia la respuesta. La figura 15 muestra la interacción entre ambas huellas y su función: mientras la regulación de la respuesta parte de un sistema cerrado alimentado por la retroalimentación; el inicio y la selección de la respuesta son provistas por medio de un sistema abierto que no requiere de retroalimentación. La huella memoria es la responsable de *recordar* la respuesta motriz a partir de ensayos pasados y la huella perceptual es responsable de *reconocer* si un movimiento se está realizando de manera correcta, por medio de la comparación de la respuesta seleccionada y la imagen del movimiento contenida en el programa motor.

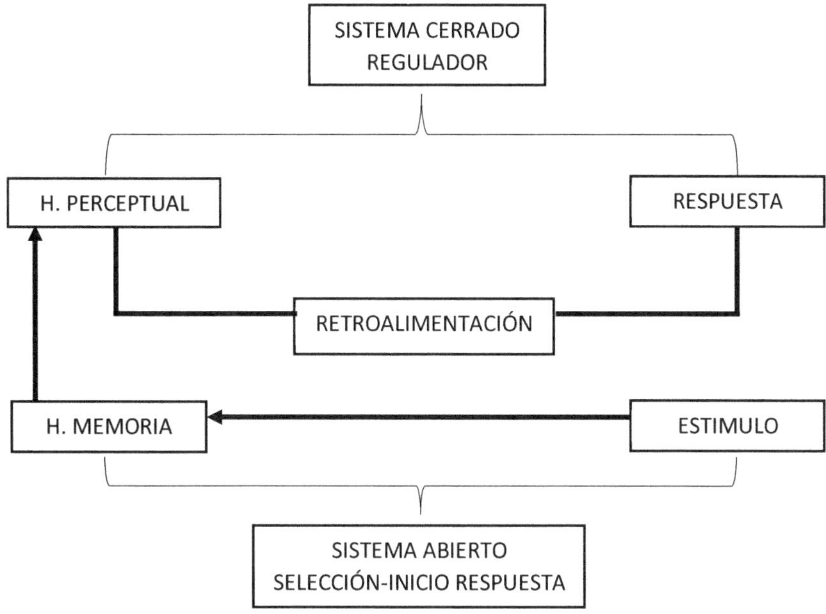


**Figura 15.** Regulación de la conducta motriz por el sistema abierto y el sistema cerrado.

Los principios teóricos de Adams coinciden con los conceptos de los bucles largos que se refieren al aprendizaje motor como el proceso donde los contenidos relacionados a un movimiento en específico y almacenados en la memoria, son utilizados para la construcción y fijación de "bucles neuronales" que a la vez pueden ser almacenados a corto y mediano plazo para su recuperación. En este sentido, el perfeccionamiento de un movimiento deportivo conlleva la comprensión de los procesos fisiológicos y de la memoria involucrados en la depuración de un movimiento. Por lo que, muchas veces es necesario desaprender movimientos relacionados al error, es decir eliminar un bucle neuronal previamente creado, para reemplazarlo por otro, parecido pero nuevo, con menos errores presentes (Weineck, 2005).

Es así que la memoria de mediano, corto y largo plazo fijan o almacenan la información de las reacciones bioquímicas y conexiones sinápticas generadas en los bucles presentes en cada ensayo.

Como conclusión, la teoría y modelo de Adams, basada en la ingeniería, surge como una respuesta a los vacíos de las teorías propias de las tendencias que habían dominado el campo del control motor desde sus inicios. La contribución de Adams al campo de estudio, fue la introducción y definición de las variables desde las que se pudiese estudiar los diferentes fenómenos relacionados al control y aprendizaje motor, en busca de que las mismas fueran analizadas y comprobadas empíricamente.

## 4.3. Teoría del esquema de Richard A. Schmidt

Contemporáneo de Adams, Schmidt se especializo en Matemáticas y Educación Física en la Universidad de California. El trabajo de Schmidt sobre el control motor se extendió por más de cinco décadas, reflejadas en una serie de publicaciones resumidas en tres libros: Habilidades motrices, control y aprendizaje motor, y aprendizaje motor y rendimiento.

En principio, la Teoría de Schmidt (1975) surgió como una propuesta basada en los sistemas abiertos y el control de estos sobre las habilidades motrices y su aprendizaje, especialmente a las ejecutadas en tiempos inferiores a los 250 ms.

Así mismo respondió a ciertos vacíos que la teoría de Adams mostraba. El mimo Adams (1987), indica las desventajas de su teoría, señaladas por Schmidt: la teoría del bucle cerrado descarta a la retroalimentación periférica como medio de regulación de las fases sucesivas en la ejecución de un movimiento; al igual que la variabilidad de la respuesta, que permite la flexibilidad (adaptación) de la acción motriz ante cambios del entorno. Además, la teoría de Schmidt explico el control y aprendizaje tanto de los movimientos rápidos y lentos, así como la solución del problema de almacenamiento de los programas motores correspondientes a la enorme cantidad de movimientos.

A partir de estas críticas, Schmidt, presento su teoría basada en dos conceptos generales; el esquema y el programa motor. Sin desdeñar la importancia y el rol de la retroalimentación, la teoría del esquema postula que el movimiento puede ser controlado a nivel central sin la necesidad de la retroalimentación.

La desaferenciación; procedimiento quirúrgico por medio del cual se seccionaban las raíces nerviosas de la columna dorsal en animales y con ello se eliminaba la entrada aferente de un movimiento, sirvió de base y origen al concepto del programa motor. Se llego a la conclusión que ante dicho procedimiento, siempre los animales manifestaban la misma conducta y que por ende el control de los movimientos debía ser central, no siendo siempre necesaria la información periférica o la retroalimentación (Adams, 1987).

Las raíces de la teoría, se fundamentan igualmente desde la psicológica, específicamente en el estudio de la variabilidad de la conducta que explica cómo se genera una misma respuesta a partir de estímulos distintos, aspecto que fue comprobado experimentalmente con dos grupos: (1) grupo experimental que fue entrenado mediante varias formas de respuestas motoras, y (2) grupo control que fue entrenado con una sola respuesta motriz. Posteriormente, ambos grupos fueron expuestos a un estímulo que ninguno había recibido antes, siendo el grupo experimental el que mejor desempeño mostro (Schmidt, 1975).

Lashley (1917) observo en paciente con pérdida de sensibilidad en las extremidades inferiores, que estos aun mantenían las vías eferentes, siendo capaces de indicar con precisión la posición de sus miembros. De esta forma Lashley concluyo que controles centrales y no periféricos eran responsables del movimiento. La teoría es una idea abstracta respecto a la conformación y organización los componentes teóricos de este programa motor, tales como, las vías aferentes – eferentes y la memoria que en conjunto permiten al SNC planear por anticipado la respuesta a un estímulo y posteriormente guiar y regular dicha respuesta.

Aunque inicialmente, pudiera parecer que las teorías se contraponen, más adelante se analizará que ninguna de las dos teorías refuta a la otra;

ambas explican complementariamente el control y aprendizaje de una conducta motriz. Sin embargo, dicha complementariedad está marcada por aspectos diferenciadores, tales como el tiempo de duración de la acción motriz.

Como ejemplo de dicha complementariedad, puede considerarse el tiempo de acción del programa motor; Adams (1971), reducía la participación del programa motor a través de la huella motora a unos milisegundos. Pasado este tiempo, el control del movimiento dependía de la huella perceptual y de la retroalimentación. En contraparte, Schmidt (1975) extendió el tiempo de duración del programa motor hasta un segundo de duración.

## 4.3.1. Tiempo de aferencia y eferencia

El tiempo que demora todo el proceso de retroalimentación; desde la percepción de un estímulo hasta la respuesta motriz, resulta ser superior (120-200ms) en comparación con muchos movimientos que pueden desarrollarse en menos tiempo (Chernikoff & Taylor, 1952). Esta diferencia de tiempo indica que muchas decisiones respecto a patrones de los movimientos como su inicio y final, deben ser tomadas antes de que los mismos movimientos se inicien (Schmidt, 1975).

Es decir, que la secuencia de un movimiento esta estructurada aun antes del inicio del propio movimiento y una vez iniciado el movimiento, la secuencia que conforma la estructura permanece inalterable de inicio a fin, sin necesidad de la retroalimentación para la regulación del movimiento (Keele, 1968). Aquí se manifiesta una diferencia entre los sistemas cerrados y los sistemas abiertos, donde los segundos serían los utilizados en la organización de la estructura del movimiento, en lo que se denomina el "programa motor".

Todo programa motor inicia y finaliza de acuerdo al plan motor. La corrección de alguna perturbación que se presente durante la ejecución del programa motor estará a cargo de las alteraciones previstas antes del inicio del movimiento. Por lo que, ante situaciones ambientales nuevas y no previstas, el ejecutante (SNC) es incapaz de establecer nuevos objetivos y programas motores, hasta que el programa motor en curso haya sido finalizado, aproximadamente después de 200 ms. Dado que el sistema no permite que los estímulos de la periferia formen un nuevo programa motor antes que el actual finalice, el control del movimiento está bajo un sistema abierto (Schmidt, 1975).

Esto no significa que haya una contraposición entre el sistema cerrado (Adams) y el sistema abierto (Schmidt), sino más bien, puede observarse la complementariedad entre ambos. Como se indicase en el capítulo anterior referido a la teoría de bucle cerrado, en las etapas tempranas del aprendizaje (motor-verbal), este es dependiente de la retroalimentación (KR); no así en las etapas ulteriores (motriz) cuyo aprendizaje y corrección del movimiento depende de la capacidad interna de identificación y corrección, por lo que hay una transición del sistema cerrado al sistema abierto (Figura 16), en el que el primero controla los movimientos simples y graduados, y el segundo los movimientos discretos.

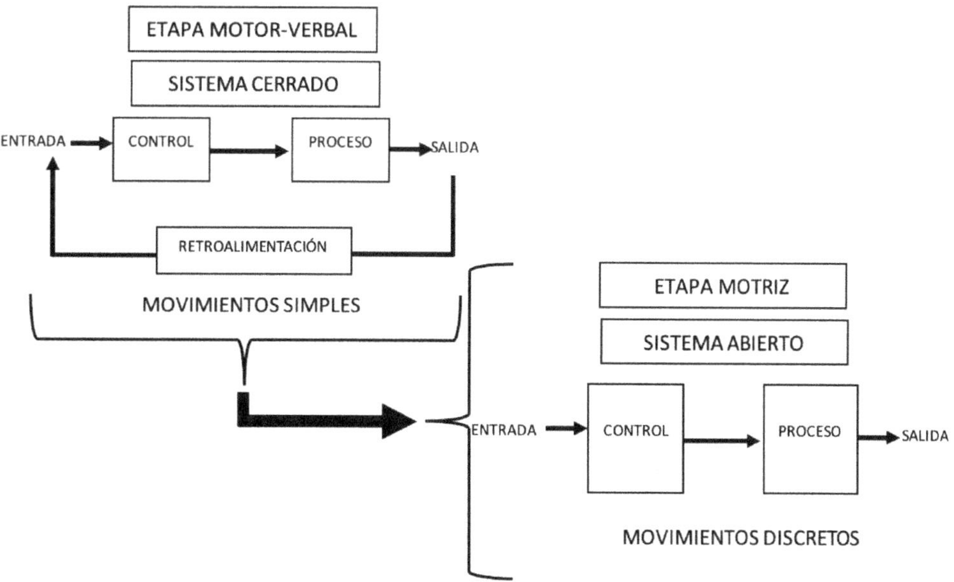



**Figura 16.** Complementariedad entre un sistema cerrado y un sistema abierto en el control y aprendizaje motor.

## 4.3.2. Programa motor

Un programa motor, puede definirse como el constructo que organiza en tiempo y espacio los parámetros utilización en la construcción de un movimiento. Debido al problema de almacenamiento de la información, resulta poco practica la idea de la existencia de un programa motor para cada movimiento. En su defecto, el *programa motor generalizado* representa una categoría de patrones y comandos en común para las múltiples formas de realizar una misma acción motriz. Así, la generalización del programa motor responde a la utilización y a las especificaciones de parámetros como los elementos variantes (tiempo absoluto, fuerza absoluta) que proveen la información del entorno y sus cambios; y los elementos invariantes (secuencia de movimiento, tiempo relativo, fuerza relativa) que permanecen constantes durante la ejecución.

La interacción entre los elementos variantes e invariantes, se conglomeran en los patrones que representan las características que contribuyen a la ejecución del movimiento, los cuales pueden ser variados a partir de la regulación de dichas características (Imagen 2), sin que dichas variaciones representen una alteración de la respuesta motriz final.

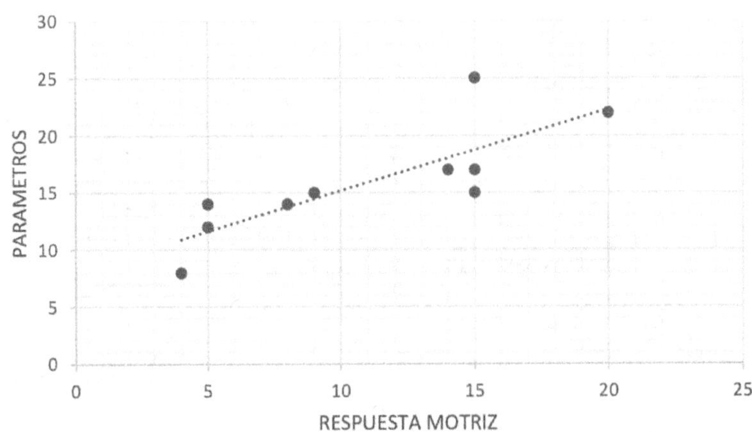


**Imagen 2.** Regulación de los parámetros determinantes de un movimiento y su correlación con la respuesta motriz.



EDITORIAL WANCEULEN

De esta forma se destaca la habilidad de variar la selección de los grupos musculares requeridos para un movimiento, así como los parámetros de activación de los mismos.

En la teoría de los esquemas, así como ciertas características absolutas de un movimiento (ej. Tiempo absoluto, fuerza absoluta) pueden ser seleccionadas en la producción de un movimiento, de la misma manera los efectores (músculos) pueden ser seleccionados antes del inicio del programa motor (Shea, & Wulf, 2005).

### 4.3.3. El esquema

Inicialmente el concepto de esquema se relaciona con la percepción de un estímulo y la clasificación de este, dentro de una categoría o conjunto de estímulos conocidos, para lo cual es imprescindible el poder recordar tal conjunto de estímulos. El recuerdo es la primera etapa de la planeación dentro del programa motor.

Sin importar que el estímulo percibido sea nuevo; si este guarda relación con la categoría (esquema) se producirá la respuesta para dicho estímulo desconocido, pero asociado a un grupo de estímulos conocidos. Esta respuesta será por medio de una secuencia de movimiento nunca antes realizada, por lo que antes de producir dicha respuesta es necesario el reconocimiento de la misma; es decir, recordar que parámetros la componen y que consecuencias pueden esperarse de la misma.

Experimentalmente, se ha comprobado el uso de distintas secuencias de movimientos en la escritura a mano con varios tamaños de letras (Wright, 1990; Castiello, Stelmach, & Lieberman, 1993): la escritura (respuesta) es similar sin importar el tamaño, sin embargo, para su ejecución tuvieron que realizarse variaciones de los parámetros integrados en el movimiento a través de la modificación de músculos, tensiones, y segmentos (mano, antebrazo, brazo), que se concretan en distintas secuencias correspondiente a un solo esquema.

Cuando un jugador de baloncesto lanza desde diferentes distancias y posiciones, está construyendo la base para la generación y solidificación de un esquema a través de la variabilidad en la práctica, la cual registra en la memoria en conjunto de experiencias (lanzamientos) (Schmidt, 1945). Todo esto hace que el lanzamiento se ejecute con precisión sin importar la distancia o posición.

Este ejemplo muestra la capacidad de producir movimientos nunca antes realizados o bien entrenados, a partir de un programa motor formado por la variabilidad de experiencias pasadas, y la transferencia entre una y otra.

## 4.3.4. Producción de la respuesta motriz y formación del esquema

Hasta aquí surge una pregunta ¿Cómo se genera la respuesta motriz a partir de un estímulo nuevo?: la respuesta a esta pregunta implica en primer lugar que dicha respuesta motriz debe ser nueva, nunca antes ejecutada, aspecto que coincide con lo estudiado respecto a los grados de libertad de la teoría de Bernstein (1947). En segundo lugar, esta nueva respuesta es dependiente de la capacidad de almacenar y recordar, a partir de ensayos previos, patrones relacionados a:

1. Las condiciones iniciales, previas a la realización del movimiento, provistas por los distintos analizadores sensitivos, y relacionadas a la posición del cuerpo en el espacio, las condiciones del entorno, la posición de las extremidades y las tensiones musculares.

2. Las especificaciones del programa motor que contiene los comandos para la activación muscular, como ser la velocidad, fuerza, etc. Al mismo tiempo, dichas especificaciones serán almacenadas una vez finalizado el movimiento, para posteriormente volver a ser recordadas en una siguiente respuesta.

3. Las respuestas sensitivas posteriores a la finalización del movimiento, provenientes de la retroalimentación.

4. El resultado del movimiento que indica si el objetivo para el cual se programó la respuesta fue alcanzado (Schmidt, 1975), esto es otro

punto coincidente con la teoría de Adams, ya que el KR permite tener certeza del éxito del movimiento.

La figura 17 muestra como después de cada ensayo las cuatro fuentes de información previamente descritas, son almacenadas y posteriormente recordadas. Precisamente este procesamiento de la información desencadena en la formación del esquema que responde a un programa motor generalizado.

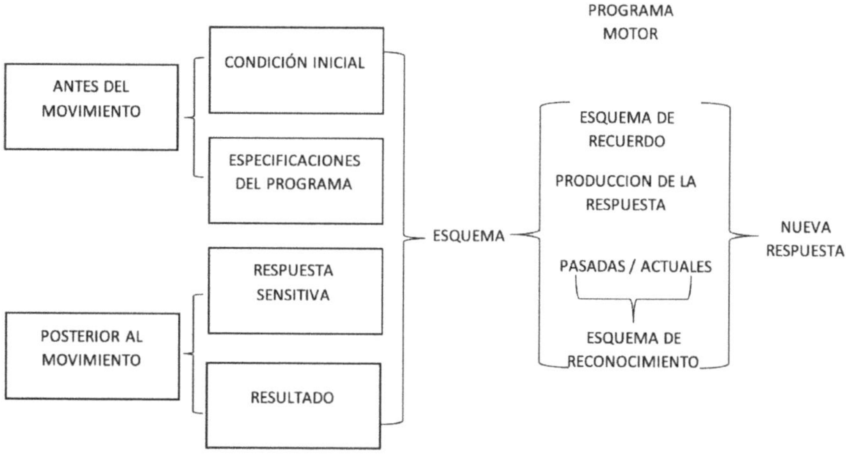


**Figura 17.** Proceso de formación del esquema motor

Una vez que el esquema está completamente formado y es requerido para producir una respuesta totalmente nueva, el planeamiento de dicha respuesta inicia con dos fuentes de información:

1. *El resultado deseado:* determinado por el objetivo del movimiento y la posición inicial, esto es lo que Schmidt denomino como el *esquema de recuerdo;* el cual es responsable de seleccionar, a partir de una categoría, los parámetros necesarios para la ejecución del movimiento.

2. *Las consecuencias sensitivas esperadas:* determinadas durante la selección de las especificaciones del programa, y que se generan a partir de los ensayos y resultados pasados en conjunto con las respuestas sensitivas pasadas. Schmidt denomino a esta segunda

fuente como el *esquema de reconocimiento;* responsable de evaluar si la calidad del movimiento ejecutado coincide con lo planeado.

Ambos conceptos; *recordar y reconocer,* fueron estudiados como la huella memoria y la huella perceptiva, respectivamente, en la teoría de los sistemas cerrados de Adams. Análogamente, Schmidt (1975) los utiliza para explicar el desarrollo del programa motor cuando este está siendo ejecutado:

Durante la ejecución de un movimiento o luego de la finalización del mismo, todas las consecuencias sensoriales esperadas son comparadas con la respectiva entrada sensitiva de información. Las diferencias entre ambas consecuencias (esperadas, actuales) dispara una señal en el sistema que indica el error en la ejecución, el cual es corregido mediante la retroalimentación al esquema (programa motor) con información (refuerzo subjetivo) referente al resultado de la respuesta producida.

Efectivamente, la comparación entre ambas consecuencias sensitivas (esperadas, actuales), genera una señal conocida como error, el cual tiene dos funciones:

1. Corregir el movimiento mediante ajustes que reduzcan la diferencia entre ambas consecuencias, y por ende el error.

2. Servir como KR, lo que se logra etiquetando dicho error. Una acción motriz, provee una serie de información respecto a las señales sensitivas (KR) que serán utilizadas por el *esquema de recuerdo* para la producción de la respuesta (movimiento) en acciones ulteriores, por lo que el etiquetar el error es un aspecto esencial en el aprendizaje motriz.

## 4.3.5. La naturaleza de los movimientos y la aplicación de la teoría del esquema

Inicialmente se mencionó que una de las diferencias que ayuda a explicar la complementariedad entre la teoría de Adams y la de Schmidt era el tiempo de ejecución para ciertos movimientos. Al respecto, la teoría de

Schmidt puede ser considerada una extensión de la teoría de Adams, en el sentido que la teoría del esquema de Schmidt puede aplicarse al control y aprendizaje de movimientos discretos de naturaleza abierta y/o cerrada, al igual que para movimientos lentos y/o rápidos (Schmidt, 1975).

### 4.3.5.1. *Movimientos de habilidades abiertas y habilidades cerradas*

En la definición de ambos tipos de habilidades el ambiente o entorno es un aspecto a considerar. En el caso de las habilidades abiertas, las características cambiantes del entorno modifican el plan motor del ejecutante, por lo que no existe una respuesta estereotipada en la solución de una tarea motriz. En este punto resulta de importancia la capacidad de anticipación para producir movimientos nuevos que mejor se acomoden a las demandas del ambiente.

En contraparte, las habilidades cerradas están presente en aquellas acciones que se llevan a cabo en entornos estables, por lo que los componentes estructurales del esquema están plenamente predefinidos, con mínimas diferencias entre las consecuencias sensitivas actuales y las esperadas.

La diferencia entre ambos tipos de habilidades, no significa necesariamente que estas correspondan exclusivamente a determinado tipo de movimiento, sino que, como lo explica Schmidt (1975), el desempeño motor en los entornos cambiantes presenta dos exigencias:

1. Planear anticipadamente por medio del programa motor la conducta a realizar, para lo que se requiere predecir y determinar cuáles serán las condiciones del entorno en el momento que se esté llevando a cabo el movimiento.

2. Considerar el tiempo de retraso en la transmisión de los impulsos nerviosos.

A partir de estas dos exigencias o condiciones, inicialmente el sistema de control es abierto, sin la posibilidad de variar la respuesta planeada hasta que la secuencia del programa motor ha finalizado, al menos 200 ms después del inicio. Posterior a este tiempo, el sujeto puede percibir si el resultado de la respuesta o las consecuencias sensitivas actuales concuerdan con las consecuencias esperadas, determinadas antes del inicio del movimiento de acuerdo a las condiciones del entorno. Dicho de otra manera; determinar el error. Si el margen de error es muy amplio, el sujeto (SNC) iniciara las correcciones; en este momento el sistema es cerrado, ya que para la corrección se requiere de las señales sensitivas (retroalimentación).

### 4.3.5.2. Movimientos lentos y rápidos

En los movimientos lentos, el mecanismo de corrección aparece posterior a los 200 ms. En estos movimientos las consecuencias sensitivas esperadas son comparadas con la retroalimentación producida durante la ejecución del movimiento de mayor duración a fin de reducir el error.

A parte de explicar el proceso de control de los movimientos lentos, la teoría igualmente explica el proceso de aprendizaje de tales movimientos.

El esquema de reconocimiento relacionado al programa motor comienza a formarse hasta que son almacenadas las consecuencias sensoriales relacionadas con el resultado deseado. Es decir, hasta que el ejecutante conoce perfectamente bien el movimiento y lo ejecuta correctamente, con poca o ninguna diferencia entre ambas consecuencias. De esta forma, cada vez que se realiza un ensayo del movimiento y el ejecutante se mueve siguiendo la secuencia correcta, el esquema (programa motor) es actualizado (ejecución precisa) gracias a la comparación entre ambas consecuencias y el conocimiento del resultado (Schmidt, 1975).

Por otro lado, los movimientos rápidos, como los ejecutados por debajo de los 150 ms son finalizados mucho antes que la retroalimentación pueda tener efecto en su modificación o control (Schmidt, 1975); por lo que la ejecución está dirigida por el sistema abierto con una mayor participación del *esquema de recuerdo,* mientras que el *esquema de reconocimiento* actúa hasta que el movimiento ha finalizado, proveyendo la información referente al error que será corregido hasta la siguiente ejecución del movimiento (Figura 18).

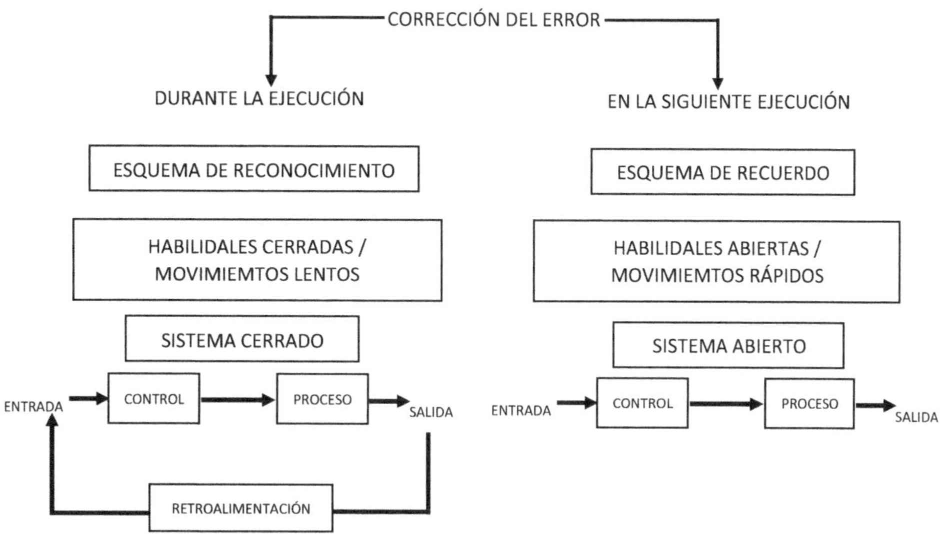


**Figura 18.** Interacción de los esquemas de reconocimiento y de recuerdo de acuerdo a la naturaleza del movimiento; habilitados abiertas y cerradas; movimientos lentos y rápidos.

Desde su publicación en 1975, la teoría ha sido utilizada como referencia en múltiples publicaciones relacionadas a diversas disciplinas: terapia física, neurociencia, desarrollo motor, aprendizaje motor, control motor, educación física, entre otras áreas (Shea, & Wulf, 2005). Sin embargo, en la actualidad muchos investigadores no consideran la teoría como un fundamento firmemente estructurado para el estudio y comprensión de la conducta motriz. No obstante, son innegables los aportes que la teoría ha tenido para el estudio del control motor, especialmente en la formación de constructos que en la actualidad aún tienen fuerza y validación experimental, tales como:

1. Los mecanismos independientes de la información: potenciados por los parámetros que componen la estructura del movimiento y que son almacenados en memorias independientes (recuerdo, reconocimiento).

2. La hipótesis en la variabilidad de la práctica: en la actualidad son muchos los estudios que soportan dicha hipótesis (Carson & Wiegand, 1979; Margolis & Christina, 1981; Wrisberg & Ragsdale, 1979; Wulf, 1991; Shapiro & Schmidt, 1982) basada en la idea que la variabilidad de la práctica provee un rango mayor de especificaciones que son utilizadas para afinar aún más el programa motor; específicamente la *memoria de recuerdo.*

3. La participación independiente de los grupos musculares.

En el ámbito deportivo, metodológicamente el proceso de enseñanza de la técnica deportiva inicia con la división de la acción motriz en tres fases (Weineck, 2005).

1. *Fase premotora:* el conjunto de acciones que contienen la secuencia de movimientos es integrada en el plan motor, previo al inicio del movimiento. Mediante este plan motor se establece el valor o ejecución ideal.

2. *Fase motora:* se experimenta la ejecución en tiempo real de lo previamente planificado.

3. *Fase posmotora:* una vez finalizado el movimiento, se evalúa el mismo mediante la comparación entre la ejecución real y la ideal. Posteriormente, esta evaluación servirá de base para afinar el programa motor y construir un mejor plan motor en ejecuciones futuras.

En esta división puede observarse claramente la relación y la influencia de la teoría de los esquemas, en especial la interacción entre el esquema de recuerdo y el esquema de reconocimiento, y la correspondiente comparación de las consecuencias sensitivas para la evaluación de la ejecución real con respecto a la ejecución ideal.

# Capítulo 5

# TEORÍAS CONTEMPORÁNEAS EN EL ESTUDIO DEL CONTROL Y APRENDIZAJE MOTOR

## 5.1. HIPÓTESIS PUNTO DE EQUILIBRIO

Un aspecto que ha despertado el interés desde los inicios del estudio del control motor, es como los movimientos voluntarios se relacionan con el SNC. En este sentido se plantean dos preguntas:

1. ¿Los movimientos son producto de la intensión?, o,
2. ¿Son producto de una respuesta a estímulos provenientes del ambiente?

A partir de estas dos preguntas se debaten dos teorías:

1. **La teoría activa** (pregunta 1): tiene sus bases en la teoría de Ivan Pavlov y Charles Sherrinton (Latash, 2008). Pavlov postulaba que los movimientos se daban gracias a la combinación de los reflejos innatos y el reflejo condicionado, este último como producto de la formación de nuevas vías nerviosas a partir de la estimulación repetida a un grupo de neuronas. Por su parte Sherrinton aporto la modulación de ciertos parámetros en los reflejos, como los elementos iniciadores y controladores del movimiento.

2. **La teoría reactiva** (pregunta 2): se fundamenta en la teoría de los sistemas dinámicos apoyados en la matemática, la física y la idea de la percepción directa. La teoría de los sistemas dinámicos indica que los movimientos complejos no son necesariamente originados en el SNC, sino que también pueden tener su origen a partir de la interacción con el entorno y las leyes de la física clásica que lo rigen. La percepción directa, explica que los movimientos desencadenados por el entorno siempre reflejan señales

(retroalimentación) que servirán en la regulación del control motor.

Latash (2010b), resume el proceso que explica la teoría del punto de equilibrio, expresando que el movimiento es producto de una permanente transición de un estado de equilibrio a otro nuevo y viceversa. Tal estado de equilibrio ocurre por igual a nivel muscular, articular o a nivel global (movimiento del cuerpo). Así, para que le movimiento se realice, es requisito la constante construcción de nuevos puntos de equilibrio, así como la eliminación de estos mismo.

Antes de abarcar en detalle la teoría de EP, conviene clarificar algunos conceptos, para una mejor comprensión del proceso. Estos son:

## 1. Unidad motora

Desde la medula espinal, llega el impulso eléctrico hasta una neurona motora que se divide en motononeuronas $\alpha$ y motoneuronas $\gamma$. Las motononeuronas $\alpha$ son las que ingresan al músculo y se conectan con varias fibras musculares formando la unión motora (sistema neuromuscular). Las motoneuronas $\gamma$, más reducidas en cantidad y tamaño que las motononeuronas $\alpha$, ingresan a las fibras intrafusales para conectarse con los husos musculares, estructuras que controlan el tono muscular. Las motoneuronas $\gamma$ se dividen en $\gamma$ dinámicos y $\gamma$ estático, y se corresponden con las respuestas dinámicas y estáticas, respectivamente.

## 2. Receptores sensitivos musculares

Para el correcto funcionamiento muscular y control del movimiento, no basta solamente con la inervación de la placa motora y la consecuente contracción muscular; si no que además, se requiere de cierta información referente a el nivel de tensión y longitud muscular, así como la velocidad a la que se modifican dichas variables. La retroalimentación de estas variables (tensión, longitud) aportan información de las condiciones de los segmentos corporales (posición, velocidad, ángulo, etc.). Los receptores sensitivos responsables de esta retroalimentación son los husos musculares y los órganos tendinosos de Golgi.

## 3. Husos musculares

Su función es proveer retroalimentación de la longitud de la fibra muscular y la velocidad en que dicha longitud cambia. Estas fibras, por estar ubicadas en el interior del vientre muscular reciben el nombre de fibras intrafusales y comprenden un numero de 3 a 12 fibras intrafusales. De acuerdo a sus funciones estas fibras se dividen en dos regiones: central y extremos; la región central, cumple la función sensitiva y cuenta con muy poca capacidad de contracción; mientras que los extremos, fijados a las fibras extrafusales del músculo esquelético, se contraen con más fuerza.

Las fibras intrafusales se dividen en dos tipos de fibras:

1. Las fibras de bolsa nuclear, que se encuentran de una a tres en cada huso muscular.
2. Las fibras de cadena nuclear más abundante en el huso muscular (tres a nueve).

La inervación sensitiva del huso muscular (región central) está a cargo de dos vías:

1. Terminación primaria: estas son fibras de tipo Ia, ubicadas en el centro de la región central del huso, y son activadas (aferencia) tanto por las fibras de bolsa nuclear, como por las fibras de cadena nuclear.
2. Terminación secundaria: estas son fibras de tipo II, situadas al lado de las terminaciones primarias, y excitadas (aferencia) únicamente por las fibras de cadena nuclear.

## 4. Respuesta estática

Cuando a causa de una fuerza externa, las fibras musculares se estiran con lentitud, estas a su vez estiran la región central (receptora) de ambos husos musculares (bolsa, cadena), por lo que ambas terminaciones (primaria Ia y secundaria II) son activadas para enviar los impulsos al SNC, incluso durante varios segundos. La respuesta eferente es regulada por medio de las motoneuronas γ estática, regulando mayormente las fibras de cadena nuclear.

## 5. Respuesta dinámica

Este tipo de respuesta se presenta ante cambios rápidos en la longitud de la fibra muscular. Ambos husos musculares (cadena, nuclear) son los responsables de la emisión de los impulsos al SNC (aferencia), pero en este caso, solamente participa las terminaciones primarias (Ia). La respuesta eferente es regulada por medio de las motoneuronas γ dinámica, exitando únicamente a las fibras de bolsa nuclear.

La combinación de ambos tipos de respuestas hace posible el control del movimiento, la estabilización de la postura, y como se verá más adelante, mantener el equilibrio muscular. Los cambios repentinos activan la respuesta dinámica para el control muscular (regulación de la longitud muscular), una vez que la longitud del músculo es regulada (umbral), la respuesta estática retoma el control en la continuidad del movimiento.

En situaciones regulares, aún más, bajo cierto grado de excitación nerviosa, el estiramiento de los husos musculares aumenta la frecuencia de señales, mientras que su acortamiento disminuye las mismas. El incremento de las señales hacia la medula espinal, indicando el estiramiento muscular, son consideradas como señales positivas, y en contraparte cuando las señales disminuyen para indicar el acortamiento de las fibras, son consideradas señales negativas. Esta es la forma en que los husos musculares emiten impulsos nerviosos sensitivos permanentemente (Guyton & Hall, 2016).

## 6. Reflejo miotático

Al producirse el estiramiento brusco de un músculo, se activa el huso muscular para contrarrestar el estiramiento mediante una contracción refleja; lo que se conoce como el reflejo miotático, el cual se corresponde con las respuestas estáticas y dinámicas.

Anteriormente se mencionó la transición de la respuesta dinámica (cambios rápidos en la longitud del músculo) a la respuesta estática. Dado que los impulsos (eferentes) de la medula espinal hacia el músculo (respuesta dinámica) se transmiten a alta intensidad, estos mismos pueden producir perturbaciones. Para impedir perturbaciones u oscilaciones en la contracción musculares, es necesario que la transmisión de los impulsos sea suavizada, de lo contrario se evidencia una falta de fluidez en los movimientos. Lo anterior resume la función amortiguadora de las contracciones musculares del reflejo miotático, por la vía del huso muscular.

El mecanismo amortiguador se aplica tanto a los movimientos involuntarios, como a los voluntarios. Para el segundo caso, es necesario la aplicación del concepto de coactivación de las motononeuronas $\alpha$ y motoneuronas $\gamma$, que explica la distribución de las señales provenientes de la corteza motora a las motononeuronas $\alpha$ y $\gamma$. Esta coactivación permite la contracción simultanea de las fibras extrafusales del músculo esquelético y las intrafusales del huso muscular. Esta contracción simultanea tiene dos efectos:

1. En primer lugar, la coactivación hace posible que se lleve a cabo la contracción muscular sin oposición del reflejo miotático. Esto lo logra mediante el control de la longitud de la porción receptora del huso muscular durante el desarrollo de la contracción muscular completa.

2. En segundo lugar, independientemente de los cambios de longitud de la fibra muscular, la función amortiguadora del huso muscular permanece constante.

Un rol altamente importante del huso muscular es su función estabilizadora durante las acciones que requieren tensión muscular. Para comprender esta función, se debe recordar que cuando las señales aferentes llegan a las motoneuronas $\gamma$, los extremos del huso se acortan estirando la región central, lo que a su vez aumenta la frecuencia de los impulsos hacia la medula espinal.

Cuando este mecanismo se presenta en los músculos de ambos lados de la articulación (ej. Bíceps, tríceps), aumenta la actividad refleja en ambos músculos que se oponen alrededor de la articulación. Esto se traduce en una articulación firmemente estabilizada para desarrollar otros movimientos voluntarios complejos y finos.

### 7. Umbral de activación del sistema neuromuscular.

Los cambios en las señales eferentes que descienden por la medula espinal, hasta la unión neuromuscular para la modulación del reflejo miotático, están condicionados a un umbral de estiramiento muscular.

Cuando un músculo se encuentra relajado en estado inactivo, su longitud muscular estará por debajo de su umbral de activación. En el momento que el músculo inicia su activación cambiara consecuentemente su longitud, la que será controlada por el umbral de activación que determinara finalmente la longitud muscular por medio de la comparación entre la longitud real del músculo y el valor umbral. De esta forma el umbral de activación tendera a acortar (contracción) el músculo de manera que la longitud real coincida con el valor del umbral, en cual estará integrado en el plan motor (Latash, 2008).

Es importante puntualizar que este umbral de estiramiento, se manifiesta como el movimiento de un segmento corporal hacia su posición final. De tal modo que se define un umbral en la posición final. Los propioceptores detectan las diferencias en el umbral, guiando al sistema neuromuscular, en interacción con el ambiente, a minimizar las diferencias entre la posición actual y la posición umbral, mediante la reducción de la actividad de los elementos neuronales y musculares. Todo esto se expresa en una mínima activación de todos los músculos involucrados en el movimiento, a fin de que las fuerzas internas sean compatibles con las fuerzas externar, y aun entre los mismos músculos (equilibrio). Esto es lo que más adelante se explicara como el Principio de reducción de la acción final (Gelfant & Tsetlin, 1966).

**8. Configuración de referencia.** (Feldman & Levin 1995; Feldman et al. 2007)

La hipótesis plantea que, previo a la ejecución de un movimiento, los controladores neuronales del mismo, configuran una referencia respecto a un umbral de activación del reflejo de estiramiento, lo que a su vez establece una referencia de la posición de distintos puntos o segmentos corporales (Figura 19). De esta manera existe una relación entre la posición actual y la posición de referencia. La diferencia entre ambas, crea las activaciones neuromusculares necesarias con el fin de acercar la posición actual a la posición de referencia. Para que haya un completo estado de equilibrio, la diferencia entre ambas posiciones debería de ser 0; lo que en la mayoría de los casos no se consigue, dadas la fuerzas anatómicas y fuerzas exteriores que rompen constantemente el equilibrio.

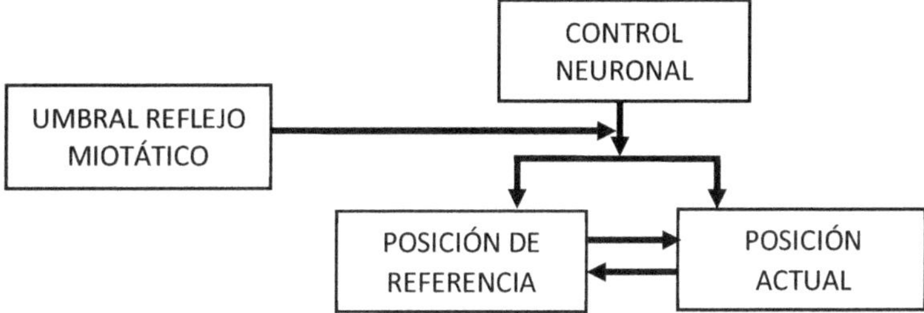


**Figura 19.** Función del umbral del reflejo miotático como regulador de la posición de referencia y la posición actual.

**9. Principio de reducción de la acción final.** (Gelfant & Tsetlin, 1966)

Este principio remarca la necesidad de organizar los distintos elementos que componen el sistema, tales como las variables mecánicas y las limitaciones mecánicas. De tal modo que la interacción entre estos elementos no distorsione el movimiento final. Esto se consigue mediante la minimización de la información de entrada (input) relacionada a cada elemento, conservando solamente la más necesaria para la construcción de la información de salida (output) procesada en la organización jerárquica del SNC. Así, el sistema neuromuscular alcanza un estado de mínima activación neuromuscular (Figura 20), lo que eventualmente resultara en una menor cantidad de momentos de fuerzas generados y por ende menos perturbaciones.

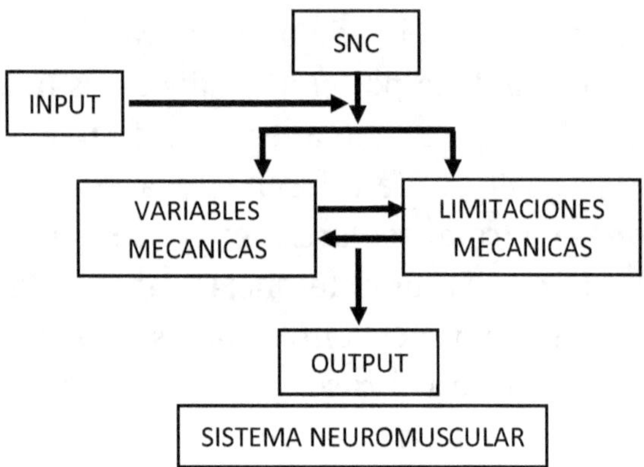


**Figura 20.** Filtrado de la información de entrada para el procesamiento de la información de salida, condicionada con las variables de la tarea motriz.

## 10. Mecanismo de estabilización postural y sinergias musculares

Diversos estudios (Woollacott et al. 1988; Darainy et al. 2004; Latash & Anson 2006), indican que una vez alcanzada una posición final en el movimiento de una extremidad, dicha posición puede y debe ser estabilizada. Esta acción generalmente se da por una co-contracción muscular que logra la rigidez necesaria para alcanzar la estabilización. Valga mencionar que la co-contracción muscular se da de manera escalonada, es decir que la intensidad de la co-contracción asciende o desciende gradualmente durante el desplazamiento de la extremidad hacia la posición final.

Las sinergias representan otro mecanismo por el que se logra la estabilización de la posición final. Entendiendo a la sinergia como el incremento de las acciones conjuntas de diversos elementos en la realización de una función, fisiológicamente también se organizan las múltiples sinergias musculares.

Cada una de estas sinergias representan una variable que condiciona el movimiento, por lo que en principio la variación de una, implicaría cambios en el movimiento. Sin embargo, es la co-variación de las variables (sinergias), lo que permite que la intensidad de las co-contracciones (múltiples músculos) se mantengan constantes durante el movimiento y de una repetición a otra. Esto último es el concepto de flexibilidad, acuñado por Bernstein (1947), y que Latash, (2010a) explica como la capacidad de ejecutar un movimiento repetidamente con los mismos valores en una o varias de las variables fundamentales para el rendimiento, logrado mediante diferentes combinaciones de variables elementales.

## 5.1.1. Bases e inicio de la teoría del punto de equilibrio

En 1966, Felman desarrollo la teoría basada en principios de la física y la neurofisiología. Desde la física, se aplica el principio de la relatividad y el principio de la energía potencial mínima; el primero se refiere y explica las fluctuaciones de las fuerzas a las que es sometido un cuerpo, partiendo de la relación de este con el marco de referencia en que se encuentre; el segundo se aplica al principio de reducción de la acción final, explicado previamente.

La neurofisiología, con los aportes de Sherrinton (teoría activa) establece que las respuestas de los reflejos ante un estímulo no son estereotipadas, sino más bien modulables en intensidad. Así, el reflejo miotático participa en la configuración de la referencia, cambiando los parámetros musculares (contracción, relajamiento) para acercar la posición de referencia a la actual. En este punto, acontece otra fuente para la construcción de la teoría del EP; la teoría de los engramas (Bernstein. 1947) que explica como las modulaciones y cambios en los parámetros controlados por el reflejo miotático, son almacenados en la memoria, para luego ser utilizados en los movimientos voluntarios a partir de las configuraciones de referencia.

### 5.1.1.1. ¿Como explica la teoría del punto de equilibrio el control motor?

A continuación, se desarrollan los argumentos que aportan comprensión a dos puntos mayores: la relajación muscular en diferentes ángulos articulares y como los cambios en dichos ángulos se producen a expensas de la posible resistencia que podría causar los mecanismos estabilizadores estudiados anteriormente.

Antes, y sin ahondar en los detalles del estudio del momento de fuerza y el torque, es conveniente ejemplificar mediante la Ley de las Palancas, de manera general, el estado de equilibrio de un segmento corporal. La Ley de las Palancas (ecuación 1) estable que el producto de la fuerza aplicada (fuerza interna), para vencer una resistencia, y el brazo de fuerza, es igual al producto de la resistencia (fuerza externa) y el brazo de resistencia.

**Ecuación 1**

Ley de las Palancas

$$FxBf = RxBr$$

Donde

F: fuerza

Bf: brazo de fuerza

Br: brazo de resistencia

R: resistencia

Br: brazo de resistencia

En la figura 21 se desarrolla un ejemplo simple para la aplicación de la Ley de las Palancas. Con un brazo de fuerza de 5 cm y un brazo de resistencia de 25 cm; se desea saber cuánta fuerza debe hacer el músculo bíceps para emparejar la fuerza externa de 7 kg aplicada en sentido opuesto. Despejando para F en la ecuación 6; la fuerza necesaria para emparejar la resistencia (fuerza externa) es de 35 kg. Efectivamente los productos de los factores en la fórmula de la Ley de las Palancas son iguales, por lo que hay equilibrio.

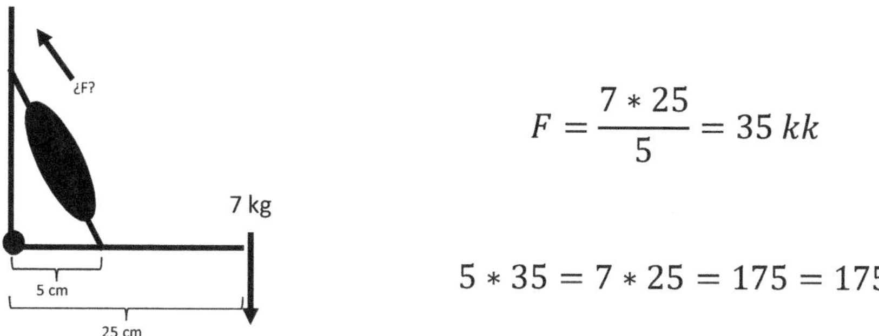


$$F = \frac{7 * 25}{5} = 35 \; kk$$

$$5 * 35 = 7 * 25 = 175 = 175$$

**Figura 21.** Par de fuerza para alcanzar el equilibrio.

El ejemplo anterior, más los conceptos estudiados más temprano, dan paso a explorar en mayor profundidad la teoría del EP. El estado de un músculo inactivo está determinado tanto por el nivel de tensión (fuerza), como por el nivel de estiramiento (longitud) de sus fibras. Ambas variables (fuerza, longitud) son dependientes de la señal aferente que determina el umbral del reflejo miotático, así como de la fuerza externa.

Las contracciones musculares pueden provocar desviaciones del EP1 de dos formas:

1.  Si el músculo está estirado, las fuerzas internas generadas por este músculo serán mayores que las fuerzas externas.

2.  Si el músculo esta contraído, las fuerzas internas generadas por este músculo serán menores que las fuerzas externas.

En ambos casos el sistema (SNC) siempre buscara los medios para lograr el equilibrio entre sus componentes (músculos). Por lo que, ante los cambios de longitud habrá una transición entre distintos EP, lograda por los mecanismos estabilizadores de la postura (Latash, 2008). La interacción entre las variables de fuerza y longitud, o más propiamente dicho; su variación, puede definirse de dos formas.

1.- Variaciones de la señal neuromotora (Figura 22): la fuerza externa no cambia, pero el desplazamiento y movimiento circular de un segmento exige graduaciones de los niveles de contracción a fin de mantener el equilibrio muscular y estabilización postural. Esta graduación solamente puede ser lograda mediante la modificación de las señales nerviosas que modifican el umbral del reflejo miotático, para finalmente pasar de un EP1 a un EP2. Debido a que las modificaciones de las señales neuromusculares están a cargo del SNC, estos son movimientos voluntarios.

2.- Variaciones en la fuerza externa (Figura 22): la señal neuromotora es constante, pero la fuerza externa puede pasar, por ejemplo, de 5 kg a 7 kg, lo que rompe el estado de EP1, siendo necesario pasar a un EP2. Para este tipo de variación, el nuevo EP se consigue mediante nueva combinación de fuerzas y longitudes musculares, tal acción es involuntaria.

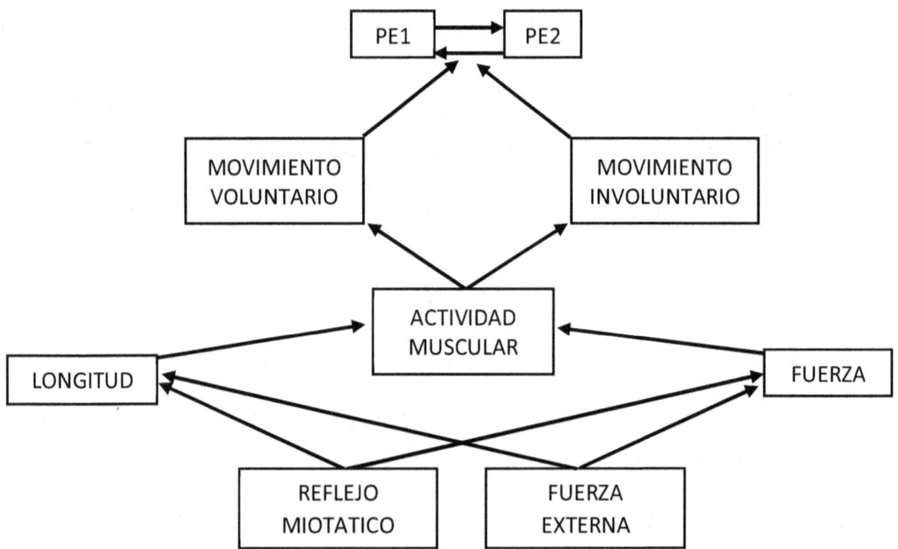


**Figura 22.** Proceso de co-variación de la fuerza y la longitud del músculo en el establecimiento del equilibrio.

Tal y como se mencionase en apartados previos, la discrepancia entre la posición actual y la posición de referencia, conduce a la activación muscular a fin de reducir dicha diferencia y alcanzar el equilibrio. Este proceso significa que en el aprendizaje de una tarea motriz se reducen, aumentan y combinan las sinergias musculares y por ende la co-variabilidad de las variables condicionantes del desempeño en la tarea motriz. Igualmente, deben ser organizadas co-variaciones específicas de variables fundamentales para el desempeño, para lo que se requiere de la restricción y liberación de los grados de libertad de un movimiento articular (Bernstein, 1947). De esta manera el aprendizaje motor, se produce gracias a los cambios de las variables elementales del movimiento (velocidad, desplazamiento, fuera, etc.), lo que se traduce en el control temporal de las variables y en el aprendizaje de sinergias relevantes para la acción motriz, todo esto como producto de la práctica.

## 5.2. TEORÍA DEL CONTROL ÓPTIMO

El principal problema con que se enfrenta el SNC en su objetivo de producir movimientos congruentes al entorno, es seleccionar los patrones y comandos que produzcan las mejores respuestas motrices, y además al menor costo (eficacia, eficiencia).

Con este fin son tres las limitantes que condicionan la capacidad de respuesta del SNC:

1.- **La dinámica corporal:** las fuerzas producidas por los grupos musculares utilizados para un movimiento en particular presentan una característica no lineal, por lo que los mismos patrones y comandos (fuerzas) aplicados en un movimiento pueden variar de acuerdo a las condiciones y posiciones de los segmentos corporales.

2.- **Fiabilidad de los comandos motores**: debido a la limitante anterior las fuerzas generadas son altamente variables, por lo que los comandos motores tienen "poca capacidad" de reproducir un movimiento con los mismos patrones en cada ensayo, es decir que tienen una fiabilidad reducida. A primera vista esta limitante podría verse como una desventaja, pero en realidad es una salida que provee de flexibilidad a la solución de un problema, especialmente en las etapas iniciales del aprendizaje motor.

3.- **La redundancia:** la trayectoria de un movimiento para el logro de un mismo objetivo motor, puede ser planeada a partir de infinitas combinaciones de las variables que determinan las activaciones musculares, por lo que dicha trayectoria puede tener distintos recorridos.

Al respecto de esta última limitante, Prilustsky y Zatsiorsky (2002), comenta que, debido a la mayor cantidad de músculos (630) que grados de libertad (244), se cuenta con una proporción de 2.6 (630/244) músculos que participan y condicionan el movimiento de un segmento alrededor de un solo grado de libertad. El cuerpo humano, compuesto por 244 grados de libertad, dispone de una combinación infinita de posibilidades para el control de los segmentos corporales y la ubicación de estos en una posición determinada dentro de un espacio tridimensional. Debe tenerse presente que cada músculo o porciones del mismo, es generador de momentos (fuerza) que influyen al mismo tiempo sobre 4 grados de libertad. De esta forma el cuerpo experimenta perturbaciones (momentos) indeseables provenientes de fuerzas internas creadas por otros músculos que no están directamente involucrados en el movimiento principal. La función principal del SNC es contrarrestar estas fuerzas.

Dadas a las características mencionadas, diferentes combinaciones de fuerzas pueden generar un mismo torque neto para un movimiento determinado. En este sentido, se ha estudiado como los patrones de activación muscular son generados a partir de la optimización de los mismos, reduciendo de esta manera los costos relacionados, entre otros criterios, a la mínima fatiga muscular, el mínimo estrés muscular y la mínima cantidad de energía metabólica.

De tal modo que, matemáticamente pueden se modeladas las variables por las que se reconoce la actividad neuronal y que condicionan la producción y los cambios en las fuerzas relacionadas a un movimiento (posición, velocidad, fibra muscular).

El desarrollo de las ecuaciones permite estimar el costo de una acción y los valores ideales de las variables a razón de optimizar las mismas en favor de un menor costo global. Un ejemplo de ello es la ecuación 2 que utiliza el criterio de la fatiga muscular (Dul, et al., 1984).

**Ecuación 2**

$$Z_I = \max_i\{1/T_I\} \rightarrow min, i = 1, \ldots, 9$$

Donde $Z_I$: función de la fatiga muscular; $T_i$: resistencia de enésimo músculo.

Esta y otras ecuaciones relacionadas a la optimización del control motor, han sido utilizadas para predecir y minimizar el costo en una acción, determinando las siguientes variables (Prilustsky & Zatsiorsky, 2002):

1. Coactivación reciproca de los músculos antagonistas.
2. Coactivación de los músculos sinergistas en conjunto con los músculos antagonistas.
3. Activación simultanea de los músculos sinergistas que envuelven una articulación.
4. Fortalecimiento de la relación de los momentos de fuerza que actúan sobre una misma articulación.

Es así que el SNC, mediante un buble abierto, es capaz de seleccionar, entre numerosas opciones y formas de realizar una tarea, la mejor secuencia que asegure una respuesta eficaz y eficiente. Es precisamente en este momento, donde las limitantes antes mencionadas, son en realidad los recursos utilizados por el SNC para asegurar el aprendizaje de gestos complejos.

La dinámica, la fiabilidad y la redundancia aumentan o disminuyen de acuerdo a la cantidad de perturbaciones (fuerzas internas y externas) que se presentan durante un movimiento. Como es de esperar, dichas perturbación son superiores en las etapas iniciales del aprendizaje motriz, sin embargo, las mismas se reducen a medida se avanza de ensayo a ensayo. Esto se logra gracias a la adaptabilidad del sistema neuromuscular a las nuevas condiciones y la consecuente reducción del error.

Estos errores, desde el punto de vista del control optimo, son corregidos mediante la selectividad de los mecanismos en su corrección. Por lo general los errores son causados por las perturbaciones y estas básicamente se deben a los diversos momentos de fuerzas que se forman a partir de las diferentes activaciones musculares. El SNC se encargará de contrarrestar, solamente aquellos momentos de fuerzas (perturbaciones) que interfirieran con la ejecución global, optimizando de esta manera los recursos.

# 5.3. HIPÓTESIS DE LA ARTICULACIÓN LÍDER

El movimiento de las extremidades está regido por las propiedades biomecánicas de las mismas. Dado que una extremidad se conforma de varios segmentos conectados por sus articulaciones, se integra una estructura multiarticular. Es sabido que para la generación de un movimiento (flexión, extensión, etc.) se requiere la aplicación de una fuerza con la que se logre la rotación de un segmento alrededor de un eje (torque).

La hipótesis de la articulación líder se respalda en la idea que, cada articulación produce un torque que interactúa con otros torques articulares, siendo la interacción y la suma de estos, lo que determina el movimiento global de la extremidad.

Sin embargo, se debe destacar que la interacción presenta una relación subordinada a la función de las articulaciones dentro del movimiento global. De este modo, una articulación será la que lidera el movimiento, por lo que los torques de las articulaciones subordinadas estarán determinados por los patrones dinámicos (fuerzas) de la articulación líder.

Una articulación con mayor ventaja mecánica será la que tome el rol de articulación líder. De acuerdo con el principio de masa inercial, por lo general las articulaciones proximales son las que presentan mayor ventaja mecánica, siendo su influencia mayor sobre las articulaciones distales, que en la vía opuesta. Sin embargo, Dounskaia (2010) plantea que la selección de la articulación líder depende de la tarea a ejecutar; por ejemplo, cuando se requiere que la extremidad realice un movimiento reducido en grados (no amplio) a nivel de las articulaciones proximales, serán las articulaciones distales las que lideran el movimiento, es decir las que presentaran un mayor torque.

La articulación líder, al generar un mayor torque tiene un afecto mecánico activo sobre las otras articulaciones subordinadas (Figura 23), las cuales tienen una función pasiva, ya que su movimiento (torque) se ajusta a las condiciones de la tarea dirigida por la articulación líder.

Los estudios realizados (Dounskaia, at al., 2002a; Dounskaia, at al., 2002b; Dounskaia, at al., 1998; Galloway & Koshland, 2002) han logrado comparar el torque de cada articulación y la reducción de la actividad muscular en las articulaciones distales o las subordinadas. Se ha constatado, en la medida que se domina una acción motriz, el aumento de la estabilización de la articulación líder, no así de las articulaciones subordinadas, las que siguen presentando una elevada variabilidad luego de periodos extendidos de aprendizaje motor. Por lo que, la hipótesis sostiene que el aprendizaje motor es un proceso en el que el SNC y las conexiones neuromusculares descubren las propiedades biomecánicas de los segmentos corporales. Este proceso se realiza en dos fases (Dounskaia, 2010):

Primero, es necesario el desarrollo de un proceso de descubrimiento de la participación de la articulación líder dentro del movimiento que resulte finalmente en el desplazamiento de toda la extremidad hacia una posición final, siguiendo una determinada trayectoria. En segundo lugar, debe desarrollarse un proceso de aprendizaje, control y modificación de los movimientos pasivos creados en las otras articulaciones (subordinadas).

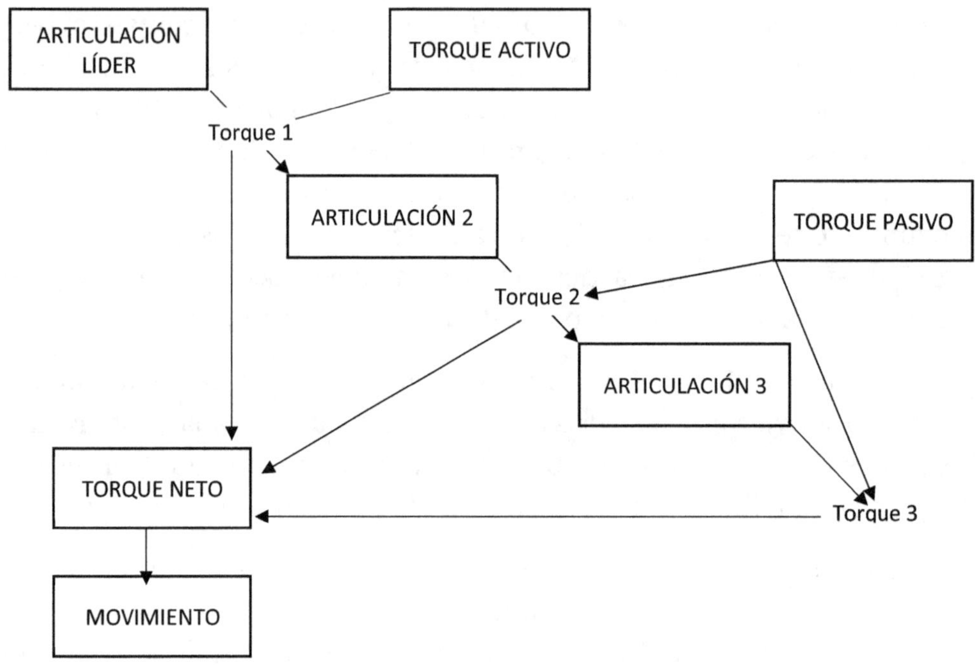


**Figura 23.** Suma e interconexión de los torques pasivos para la generación del torque neto

## 5.4. TEORÍA ECOLÓGICA Y DE LOS SISTEMAS DINÁMICOS

Esta perspectiva se basa en los procesos cognitivos desarrollados internamente y que tienen como producto observable a la conducta motriz, explicando de esta manera las habilidades en el campo del control y aprendizaje motor. En este, la cognición se divide a nivel motriz y a nivel intelectual; ambas conjuntan el todo de los sistemas funcionales, que en el caso del ser humano abarca la percepción, las emociones, el movimiento, la reflexión, etc.

Cuando un deportista está ejecutando una acción que de respuesta o solucione las alteraciones provenientes del entorno, debe de integrar en su sistema todos los elementos participantes en el movimiento para que, de manera acoplada sean puestas en práctica las experiencias pasadas que han ayudado a consolidar la respuesta motriz (Avilés, et al., 2014).

## 5.4.1. Teoría Ecológica

Refiriéndose especialmente a las acciones deportivas, muchas de estas se desarrollan a gran velocidad y sobre todo se presentan de manera imprevista, por lo que el deportista dispone de escaso tiempo para la planificación del movimiento y la posterior generación de la respuesta por vía del SNC.

En este contexto, la percepción de la información del entorno constituirá un bastión importante en la regulación del movimiento, más allá de la sola aplicación de procesos costosos en el área cognitiva, metabólica y neuromuscular. Así, se forma un ciclo perceptivo (Figura 24) entre las características cinemáticas de la información ambiental y las características dinámicas (fuerzas internas) del movimiento ejecutado por un deportista (Michaels y Beek, 1995).

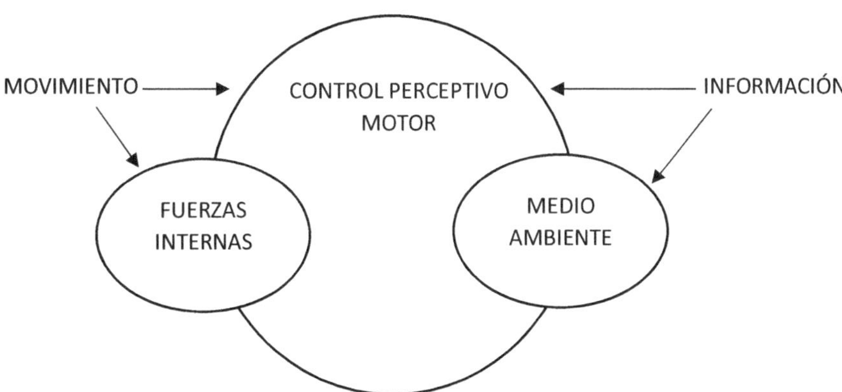


**Figura 24.** Interacción entre la información y el movimiento para la generación del control perceptivo motor.

Es así que desde la perspectiva ecológica el aprendizaje motor es explicado como la adaptabilidad y optimización (reducción) de las diferencias entre ambos elementos (movimiento – información), decantando en una mayor eficacia en la detección, selección y utilización de la información ambiental, así como en una mayor eficiencia en la corrección de perturbaciones que limitan directamente el movimiento. De acuerdo con esto, el proceso se concreta por medio tres conceptos:

1. *La intención:* tiene peso sobre la toma de decisiones respecto a cuáles son las mejores opciones (movimientos) de acuerdo a la situación de juego y el objetivo pretendido.

2. *La atención:* implica aprender a cambiar el foco atencional a las variables más determinante para la obtención de los resultados esperados.

3. *La calibración:* debido a una mayor y mejor complementariedad entre la información ambiental y el movimiento, se disminuye la variabilidad del mismo; aspecto que permite un mayor control sobre la acción.

## 5.4.2. Teoría de los sistemas dinámicos

Un aspecto que debe ser considerado al momento de abordar el aprendizaje y control motor desde la perspectiva de los sistemas dinámicos, es que dicha teoría se aplica a los sistemas complejos y dinámicos. Se entiende un sistema complejo como aquel compuesto por varios elementos que interactúan entre sí, y un sistema abierto como aquel en el que la respuesta de salida (acción) es ejecutada sin posibilidad de ser regulada, además de producirse el intercambio de energía contráctil (fuerzas internas) con el ambiente.

No hay duda alguna de la complejidad del cuerpo humano. Con 244 grados de libertad y aproximadamente 630 músculos, la cantidad de momentos (torque) generados alrededor de una articulación exceden los necesarios para la realización de un movimiento. Este exceso se convierte en perturbaciones que obligan al SNC a aplicar las correcciones que contrarresten las fuerzas indeseadas (Prilustsky & Zatsiorsky, 2002).

Bajo esta mirada, la teoría analiza los procesos del SNC para desarrollar la coordinación de los movimientos deportivos, estudiando las relaciones dinámicas con el ambiente. Para ello, se estable como principio la auto organización, entendida como la característica de los sistemas dinámicos (complejos, abiertos) de desarrollar movimientos coordinados por medio de la estabilización de los patrones que caracterizan dichos movimientos.

Para explicar este proceso de estabilización de desarrollan los siguientes conceptos:

1. **Patrones de comportamiento**: las relaciones entre las múltiples partes que componen un sistema complejo están determinadas por las características anatómicas y funcionales (ej. Cuerpo humano) que principalmente se revelan como las relaciones dinámicas (fuerzas) entre las partes.

2. **Estabilidad e inestabilidad:** la estabilidad en las relaciones dinámicas de los patrones de comportamiento puede ser alterada (inestabilidad) en determinadas circunstancias, momento en que el sistema modifica los patrones hasta que recupera la estabilidad en la conducta motriz.

3. **Transición:** el paso de la inestabilidad a la estabilidad no se da regresando a un estado estable previo, sino cambiando a un nuevo estado estable. Para transitar de un patrón estable a otro patrón estable de mayor nivel (complejo), es necesario que se presenten perturbaciones que provoquen inestabilidad.

Avilés, et al., (2014) citando a Newell (1985) indica que la maestría deportiva, desde la perspectiva de los sistemas dinámicos evoluciona a lo largo de tres etapas:

1. En la primera etapa se ensamblan los elementos que integran un nuevo patrón de coordinación.

2. En la segunda etapa se desarrolla (aprende) el control y la adaptabilidad de la nueva estructura coordinativa.

3. En la tercera etapa, se aumenta la habilidad del deportista, con un menor costo mecánico y metabólico, producto del afinamiento y optimización del sistema perceptivo motor (propioceptores), que le ofrece una mejor solución a la situación deportiva.

# Capítulo 6
# RESUMEN Y ALCANCES FUTUROS PARA EL ESTUDIO DEL CONTROL Y APRENDIZAJE MOTOR

El estudio del control y aprendizaje motor ha sido de interés para múltiples disciplinas y áreas de aplicación; educativas, terapéuticas, deportivas. Igualmente, el campo de estudio ha sido desarrollado desde perspectivas neuronales, biomecánicas y psicológicas, que en conjunto han logrado construir la fundamentación teórica para la comprensión de los procesos que dirigen la conducta motriz.

Actualmente, el conocimiento del control y aprendizaje motriz ha sido enriquecido gracias a la incorporación de nuevas disciplinas en su estudio, tales como la ingeniería. Estas investigaciones desarrolladas con aplicación de principios matemáticos, físicos, así como informáticos, han tenido como resultado: postulados, hipótesis y teorías que explican, al menos a nivel experimental, los mecanismos concretos que dirigen la conducta motriz. Así, la evolución del estudio del control motor ha transitado desde el reflejo muscular, los procesos cognitivos, hasta la creación de modelos altamente sofisticados.

No obstante, no todos los procesos relacionados al control y aprendizaje motor pueden ser explicados y atribuidos a un solo conjunto de fenómenos estadísticamente comprobables. Existen una diversidad de aspectos, cuyas características y principios abstractos, son necesarios en conocimiento y dominio, a fin de abarcar el mayor espectro posible en el estudio y entendimiento del control motor. En este sentido, resulta de utilidad la revisión de las tres teorías expuestas en esta obra: grados de libertad, bucle cerrado y esquema, entre las que se establece una importante conexión de los aspectos concretos y abstractos del control y aprendizaje motor; demostrando la vigencia de varios de sus preceptos.

Las perspectivas futuras en el estudio del control y aprendizaje motor, deberán integrar, o al menos considerar, los principios y supuestos hasta ahora desarrollados en el área del conocimiento. Esta integración ayudara a establecer un marco teórico aún más amplio y claro de los procesos desarrollados en los tres niveles del SNC responsables de dirigir la conducta motriz. De esta manera se alcanzará una mejor comprensión de los principios que dictan el aprendizaje de patrones complejos de movimiento.

Algunas de las variables de las que aun se pueden extraer más información y que aportarían a la integración y comprensión del control del movimiento, son: (1) la participación de las sinergias musculares en la organización y coordinación motriz, (2) las perturbaciones y los procesos de reducción de las mismas, (3) la participación de la retroalimentación en los movimientos voluntarios, (4) los efectos del aprendizaje motor, sobre la optimización del control motor.

En conclusión, no hay duda que aun resta aun largo camino por recorrer en la tarea de esclarecer los mecanismos que desarrollan el control motor, y aun mas cuales son las posibilidades de mejorar los procesos de aprendizaje a partir de los principios y teorías que logren formularse.

Adams, J. (1977). A closed-loop theory of motor learning. *Journal of Motor Behavior.* 3(2), 111-149.

Adams, J. (1987). Historical Review and Appraisal of Research on the Learning, Retention, and Transfer of Human Motor Skills. *Psychological Bulletin,* 101(1), 41-74.

Avilés, C., Ruiz, L., Navia, J., Rioja, N. & Sanz, D. (2014). La pericia perceptivo-motriz y la cognición en el deporte: Del enfoque ecológico y dinámico a la enacción. *Anales de psicología,* 30(2), 725-737.

Bernstein, N. (1935). The problem of the interrelation of co-ordination and localization. in: H. T. A. Whiting (ed). *Human Motor Action – Bernstein Reassessed. Advances in Psichology* (1984). Elsevier Science Publishers. pp. 77-100.

Bernstein, N. (1947). *O Postroenii Dvizhenii (On the Construction of Movement).* Moscow: Medgiz.

Biryukova, E. & Sirotkina, I. (2020). Forward to Bernstein: Movement Complexity as a New Frontier. *Frontiers in Neuroscience,* 14(553), 1-17.

Caminero, L. (2006). Marco teórico de la coordinación motriz. *Lecturas: Educación Física y Deportes,* Buenos Aires, año 10, Nº 93.

Cañizares, J. & Carbonero, C. (2016). *Enciclopedia de educación física en la edad escolar: Colección manual para el profesorado de educación física en la edad escolar.* Editorial Wanceulen

Carson, L. M., & Wiegand, R. L. (1979). Motor schema formation and retention in young children: A test of Schmidt's schema theory. *Journal of Motor Behavior,* 11, 247–251.

Castiello, U., Stelmach, G., & Lieberman, A. (1993). *Temporal dissociation of the prehension pattern in Parkinson's disease.* Brain, 31, 395–402.

Chermikoff, R., & Taylor, F. (1952). Reaction time to kinesthetic stimulation resulting from sudden arm displacement. *Journal of Experimental Psychology,* 43(1):1-8.

Cortez, O. (2013). *Las capacidades coordinativas y su influencia en la ejecución de los lanzamientos del baloncesto en los deportistas de la categoría sub 14 de la Liga Deportiva Cantonal de Mocha*. Tesis de Maestría. Universidad Técnica de Ambato.

Darainy, M., Malfait. N., Gribble. P., Towhidkhah. F. & Ostry, J. (2004). Learning to control arm stiffness under static conditions. *Journal of Neurophysiology*, 92:3344–3350.

Davids, K. & Glazier, P. (2010). Deconstructing neurobiological coordination: the role of the biomechanics motor control nexus. *Exerc. Sport Sci. Rev.*, 38(2), 86-90.

Dounskaia, N. (2010). Control of human limb movements: the leading joint hypothesis and its practical applications. *Exerc. Sport Sci. Rev.*, 38(4), 201-208.

Dounskaia, N., Ketcham, C. & Stelmach, G. (2002a). Commonalities and differences in control of various drawing movements. *Exp. Brain Res.*, 146(1), 11-25.

Dounskaia, N., Ketcham, C. & Stelmach, G. (2002b). Influence of biomechanical constraints on horizontal arm movements. *Motor Control.* 6(4), 366-387.

Dounskaia, N., Swinnen, S., Walter, B., Spaepen, J. & Verschueren, S. (1998). Hierarchical control of different elbow-wrist coordination patterns. *Exp. Brain Res.*, 121(3), 239-254.

Doya, K. & Miyamura, A. (2001). Motor Control: Neural Models And Systems Theory Int. J. *Appl. Math. Comput. Sci.*, 11(1), 77-104.

Dul J., Johnson, G., Shiavi, R. & Townsend, M. (1984). Muscular synergism. II. A minimum-fatigue criterion for load sharing between synergistic muscles. *J Biomech.* 17:675–684.

Elftman, H. (1939). *The function of the arms in walking*. Hum. Biol. 11, 529-535.

Feldman A, & Levin M. (1995). Positional frames of reference in motor control: their origin and use. *Behavioral and Brain Sciences*, 18, 723–806.

Feldman A. (1966). Functional tuning of the nervous system with control of movement or maintenance of a steady posture. II. Controllable parameters of the muscle. *Biophysics*, 11, 565–578.

Feldman, A., Goussev, V., Sangole, A. & Levin, M. (2007). Threshold position control and the principle of minimal interaction in motor actions. *Progress in Brain Research*, 165, 267–281.

Fernández Manero, D. (2017). *Memoria motriz secuencial en personas mayores.* Tesis doctoral. Universidad de Vigo.

Ferris, D., Huang, H. & Kao, P. (2006). Moving the arms to activate the legs. *Exerc. Sport Sci. Rev.*, 34(3), 113-120.

Galloway, J. & Koshland, G. (2002). General coordination of shoulder, elbow and wrist dynamics during multijoint arm movements. *Exp. Brain Res.*, 142(2), 163-80.

Gelfand, I. & Tsetlin, M. (1966). On mathematical modeling of the mechanisms of the central nervous system. In: Gelfand, I., Gurfinkel, V., Fomin, S., Tsetlin, M. editors. *Models of the Structural-Functional Organization of Certain Biological Systems.* Nauka; Moscow: 1966. p. 9-26.

Grosser, M. (1991). *Schnelligkeitstraining. Grundlagen, Methoden, Leistungssteuerung, Programme.* BLV Verlagsges.

Guyton, A. & Hall, J. (2016). *Tratado de Fisiología Médica 13ª Edición.* Elsevier, S.A.

Hafelinger, U. & Schuba, V. (2010). *La coordinación y el entrenamiento propioceptivo.* Editorial Paidotribo.

Hinrichs, R.N. (1990). Whole body movement: coordination of arms and legs in walking and running. In: J.M. Winters and S.L.Y. Woo. New York: Springer-Verlag, pp. 694-705.

Hodges, N. & Williams, A. (2019). *Skill acquisition in sport.* Abingdon: Routledge.

Huter-Becker, A., Schewe, H., & Heipertz, W. (2006). *Fisiología y teoría del entrenamiento.* Editorial Paidotribo

Keele, S. W., & Posner, M. I. (1968). Processing of feedback in rapid movements. *Journal of Experimental Psychology*, 77, 353-363.

Koffka, K. (1935). *Principles of Gestalt psychology.* Harcourt, Brace.

Köhler, W. (1969). *The task of Gestalt psychology.* Princeton University Press.

Kugler, J. (1981). Gedächtnis und Gedächtnisleistung neurophysiologisch beurteilt. *Sandorama*, 4, 5-9.

Lashley, K. S. (1917). The accuracy of movement in the absence of excitation from the moving organ. *American Journal of Physiology*, 43, 169-194.

Latash, L. (2016). The Bliss of Motor Abundance. *Exp Brain Res.*, 217(1), 1–5.

Latash, M. & Anson, J. (2006). Synergies in health and disease: Relations to adaptive changes in motor coordination. *Physical Therapy*, 86:1151–1160.

Latash, M. (2008). Evolution of Motor Control: From Reflexes and Motor Programs to the Equilibrium-Point Hypothesis. *J Hum Kinet.*, 19(19), 3–24.

Latash, M. (2010a). Motor Synergies and the Equilibrium-Point Hypothesis. *Motor Control*, 14(3), 294–322.

Latash, M. (2010b). Stages in Learning Motor Synergies: A View Based on the Equilibrium-Point Hypothesis. Hum Mov Sci., 29(5), 642–654.

Latash, M., Levin, M., Sholz, J. & Schoner G. (2010). Motor Control Theories and Their Applications. *Medicina (Kaunas)*, 46(6), 382–392.

Le Boulch, J. (1976). *La educación por el movimiento*. Paidós.

Levine, N. (2007). Sherrington "The Integrative action of the nervous system": a centennial appraisal. J *Neurol Sci.*, 253(1-2):1-6.

Li, Y., Wang, R. (2001). Crompton, and M.M. Gunther. Free vertical moments and transverse forces in human walking and their role in relation to arm-swing. J. *Exp. Biol.* 204, 47-58.

López, J. & Fernández, A. (2006). *Fisiología del ejercicio*. Editorial Panamericana.

Loram, I.D, Van De Kamp, C., Lakie, M., Gollee, H. & Gawthrop, P. (2014) Does the motor system need intermittent control? Ex*erc. Sport Sci. Rev.*, 42(3), 117-125.

Margolis, J., & Christina, R. (1981). A test of Schmidt's schema theory of discrete motor skill learning. *Research Quarterly for Exercise and Sport*, 52, 474–483.

Martin, D., Carl, K. & Lehnertz, K. (2016). *Manual de metodología del entrenamiento deportivo.* Editorial Paidotribo.

Martin, D., Nicolaus, J., Ostrowski, C. & Rost, K. (2004). *Metodología general del entrenamiento infantil y juvenil.* Editorial Paidotribo.

Meinel, K. (1987). *Teoría del movimiento.* Stadium S. R. L.

Mejía, N. (2020). Revisión conceptual y tipología de la coordinación motriz. *Lecturas: Educación Física y Deportes*, 25(265), 112-121.

Mejía, N. y Zaldívar, B. (2020). Bases neurológicas para el aprendizaje y entrenamiento de la técnica deportiva. *Acción*, 16, 1-10.

Michaels, C. & Beek, P. (1995). The state of ecological psychology. *Ecological Psychology, 7*, 259-278.

Newell, K. (1985). Coordination control and skill. En D. Goodman, R. B. Wilberg y I. M. Franks (Eds.), *Differing perspectives on motor learning, memory and control* (pp. 295-317). Amsterdam: Elsevier Science.

Newell, K. & McDonald, P. (1992). Searching for solutions to the coordination function: Learning as exploratory behavior. In: Stelmach, G. & Requin, J., editors. *Tutorials in Motor Behavior II*. Elsevier; 1992. p. 517-532.

Ormorod, J. (2005). *Aprendizaje humano, 4ª edición.* Pearson Education, S. A.

Pavlov, I. (1927). *Conditioned reflexes* (G. V. Anrep, Trans.). Oxford University Press.

Peregot, A. & Delgado, C. (2002). *Mil ejercicios y juegos de gimnasia rítmica deportiva.* Editorial Paidotribo.

Petryński, W. (2007). Bernstein's Construction Of Movement Model And Contemporary Motor Control And Motor Learning Theories. *Hum Mov,* 8(2),136-147.

Piaget, J., & Inhelder, B. (1969). *The psychology of the child* (H. Weaver, Trans.). Basic Books.

Platonov, V. (2001). *Teoría general del entrenamiento deportivo.* Editorial Paidotrivo.

Prilustsky, B. & Zatsiorsky, V. (2002). Optimization-Based Models of Muscle Coordination. *Exerc Sport Sci Rev.*, 30(1), 1-13.

Ranganathan, R. & Newell, N. (2013). Changing up the routine: intervention-induced variability in motor learning. *Exerc. Sport Sci. Rev.,* 41(1), 64-70.

Riera, J. (1989). *Aprendizaje de la técnica y la táctica deportivas.* Editorial Inde.

Schimidt, R., & Lee, T. (1999). *Motor control and learning: a behavioral emphasis.* Human kinetics

Schmidt, R. & Lee, T. (1941). *Motor control and learning.* Human Kinetics.

Schmidt, R. (1975). A Schema Theory of Discrete Motor Skill Learning. *Psychological Review,* 82(4), 225-260.

Schmidt, R. (1988). *Motor Control and Learning: A Behavioral Emphasis.* 2nd ed. Champaign, IL. Human Kinetics.

Scnabel, G. (1988). *El aprendizaje motor en el deporte.* Editorial Stadium.

Scott, S. (2004). Optimal feedback control and the neural basis of volitional motor control. *Nature reviews neuroscience,* 5, 532-545.

Shapiro, D., & Schmidt, R. (1982). The schema theory: Recent evidence and developmental implications. In J. A. S. Kelso & J. E. Clark (Eds.), *The development of movement control and coordination* (pp. 113–150). New York: Wiley.

Shea, C. & Wulf, G. (2005). Schema Theory: A Critical Appraisal and Reevaluation. *Journal of Motor Behavior,* 37(2), 85–101.

Sherrington, C. (1913). Reflex inhibition as a factor in the Co-ordination of Movements and Postures, Quarterly *J. of Experimental Physiology.,* 6, 251-310.

Skinner, B. F. (1938). *The behavior of organisms: An experimental analysis.* Englewood Cliffs. Prentice Hall.

Soto I. Teorías y modelos en Fisioterapia en Neurofacilitación. En: Calvo Soto AP, Gómez Ramírez E, Daza Arana J, editores científicos. *Modelos teóricos para fisioterapia.* (2020). pCali, Colombia: Editorial Universidad Santiago de Cali; p. 53-76.

Thomas, R., Johnsen, L.K., Geertsen, S.S., Christiansen, L., Ritz, C., Roig, M. et al. (2016) Acute Exercise and Motor Memory Consolidation: The Role of Exercise Intensity. *PLoS ONE,* 11(7).

Thorndike, E. (1927). The Law of Effect. *The American Journal of Psychology*, 39(1/4), 212-222.

Todorov, E. & Jordan, M. (2002). Optimal feedback control as a theory of motor coordination. *Nat. Neurosci.* 5(11), 1226-1235.

Tolman, E. (1959). Principles of purposive behavior. In S. Koch (Ed.), *Psychology: A study of a science* (Vol. 2). McGraw-Hill.

Verkhoshansky, Y. (2018). *Teoría y metodología del entrenamiento deportivo.* Editorial Paidotribo.

Vygotsky, L. S. (1962). *Thought and language* (E. Haufmann & G. Vakar, Eds. and Trans.). Cambridge, MA: MIT Press.

Weineck, J. (2005). *Entrenamiento total.* Editorial Paidotribo.

Wertheimer, M. (1945). Productive thinking. Harper.

Wilberg, R. The unit of analysis in: H. T. A. Whiting (ed). *Human Motor Action – Bernstein Reassessed.* (1984). Elsevier Science Publishers. pp. 27-33.

Wilomore, J. & Costill, D. (2014). *Fisiología del esfuerzo y el deporte.* Editorial Paidotribo.

Wilson, D. (1961). The central nervous control of flight in a locust. *Journal of Experimental Biology.* 38(4), 71-490.

Woollacott, M., Inglin, B. & Manchester, D. (1988). Response preparation and posture control. Neuromuscular changes in the older adult. *Annals of the New York Academy of Sciences*, 515, 42–53.

Wright, C. E. (1990). Generalized motor programs: Reexamining claims of effector independence in writing. In M. Jeannerod (Ed.), *Attention and performance* XIII (pp. 294–320). Hillsdale, NJ: Erlbaum.

Wrisberg, C. A., & Ragsdale, M. R. (1979). Further tests of Schmidt's schema theory: Development of a schema rule for coincident timing task. *Journal of Motor Behavior*, 11, 159–166.

Wulf, G. (1991). The effect of type of practice on motor learning in children. *Applied Cognitive Psychology*, 5, 123–134.

Zhelyazkov, T. (2001). *Bases del entrenamiento deportivo.* Editorial Paidotribo.